教育部人文社会科学研究青年基金项目(16YJCZH026)资助
河南省博士后科研启动项目(2019728)资助
国家自然科学基金重点项目(U1904210)资助
河南理工大学公共管理重点学科项目资助
河南理工大学安全与应急管理研究中心资助

基于RBS/M的重大工程社会稳定风险机理分析及量化模型研究

郝 豫 著

中国矿业大学出版社
· 徐州 ·

图书在版编目(CIP)数据

基于RBS/M的重大工程社会稳定风险机理分析及量化模型研究/郝豫著.—徐州:中国矿业大学出版社,2021.6

ISBN 978-7-5646-5038-4

Ⅰ.①基… Ⅱ.①郝… Ⅲ.①重大建设项目—社会稳定—风险评价—研究 Ⅳ.①F282

中国版本图书馆CIP数据核字(2021)第111382号

书　　名　基于RBS/M的重大工程社会稳定风险机理分析及量化模型研究

著　　者　郝　豫

责任编辑　李　敬

出版发行　中国矿业大学出版社有限责任公司

(江苏省徐州市解放南路　邮编221008)

营销热线　(0516)83885105　83884103

出版服务　(0516)83883937　83884920

网　　址　http://www.cumtp.com　**E-mail**:cumtpvip@cumtp.com

印　　刷　江苏凤凰数码印务有限公司

开　　本　787 mm×1092 mm　1/16　**印张** 11.5　**字数** 199千字

版次印次　2021年6月第1版　2021年6月第1次印刷

定　　价　50.00元

(图书出现印装质量问题,本社负责调换)

前　言

重大工程建设项目的兴建是现阶段我国经济发展与社会建设不可或缺的重要基础，也是促进我国国民经济可持续发展和构建和谐社会的基本保障。近年来我国各地相继爆发了多起由环境敏感性重大工程上马引致的环境群体性事件，这成为危害社会安全、影响社会稳定的重要风险源和冲击社会秩序的实质性因素，也给我国的公共安全和政府治理造成了严峻的挑战。我国现行的社会稳定风险评价制度往往更偏重于技术、环境风险的评估，忽视了对公众的风险感知状况的评估与分析，而这正是导致现阶段我国环境群体性突发事件频发的一个重要原因。由此，本书基于公众风险感知视角对重大工程引发群体性突发事件的演化机理以及量化模型进行研究，并引入基于风险的管控(RBS/M)理念，探讨基于风险分级的重大工程项目社会稳定风险管控模式，以期为现行的重大工程稳评机制提供新的思路、方法和途径。

本书的主要内容及成果包括以下几个部分：第 1 章介绍了研究背景、国内外研究现状和目前存在的问题，阐述了环境敏感性重大工程社会稳定风险评价的重大意义。第 2 章提出并定义了重大工程社会稳定风险的概念，分析了社会稳定风险的内涵及特征，为重大工程社会稳定风险的机理分析和评价方法的选择奠定了基础。第 3 章梳理了我国近年来爆发的 20 多起典型的由重大工程引致的环境群体性突发事件案例，总结了风险型环境群体性事件的主要特点，从事故致因理论的“4M”要素入手分析了重大工程引致环境群体性事件的深层次原因，梳理出风险型环境群体性事件发生的主要影响因素，并建立了影响因素解释结构模型，明确了各影响因素在重大工程社会稳定风险系统中的结构关系。第 4 章主要分析了重大工程社会稳定风险的一般机理，以及重大工程社会稳定风险从环境风险到群体性突发事件再到社会危机的突变机理，建立了重大工程社会稳定风险的一般机理体系，构建了重大工程社会稳定风险的突变机理模型。第 5 章介绍了突变理论及其用于重大工程社会稳定风险分析的可行性，进而基于突变理论的数学原理，构建了环境敏感性重大工程社会稳定风险尖点突变势函数结构模型，并对其演化状态进行分析，获得了环境敏感性重大工程社会稳定状态的演化情景组合表，并选取四川什邡钼铜项目事件作为案例进行了尖点突变模型推演。第 6 章根据重大工程社会稳定风险的突变性特征，引入了突变级数法，并综合考虑重大工程的公众风险感知因素、政府行为管理因素、工程项目固有风险因素和社会环境系统因素等四方面因素，运用因子分析法对关键因素进行筛选，从而建立了重大工程社会稳定风险的尖点突变评价模型，结合实际数据的收集并借鉴已有研究成果，构建了适合突变级数法的评价指标体系，从而建立了重大工程社会稳定风险综合量化模型，并研究了环境敏感性重大工程社会稳定风险的可接受准则。第 7 章选取南阳核电站为实证研究对象，根据收集的实际数据，运用构建的重大工程社会稳定风险综合评价模型进行定量评价，获得当地社会稳定风险状态综合评价结果，并对评价结果进行了合理性分析，设定了该项目社会稳定风险的可接受准则，根据评价结果从多方面提出了社会稳定风险治理的相关建议和对策。第 8 章引入 RBS/M 理论和方法，论述了重大工程社会稳定风险分级管控(RBS/M)模式以及预警机制，以期为重大工程社会稳定风险的防控和治理提供新的思路。

本书由教育部人文社会科学研究青年基金项目(16YJCZH026)、河南省博士后科研启动项目(2019728)、国家自然科学基金重点项目(U1904210)、河南理工大学公共管理重点学科项目和河南理工大学安全与应急管理研究中心资助出版。感谢导师罗云教授对作者研究之路的指引，罗云教授在风险管理领域的造诣让作者受益颇多。课题组其他成员也为本书的完成给予了大力支持，感谢张影老师、曾珠老师以及研究生谷洒洒、张帆等为本书所做的贡献。

社会稳定风险评估与预警机制的理论体系尚在发展之中，各种新的理论和方法在不断的探索之中。希望本书在前人研究的基础之上，能为我国重大工程社会稳定风险的评估和预警理论体系的发展做出应有的贡献。鉴于社会稳定风险的复杂性，理论与实践研究还在不断的深化过程中，加之作者自身水平有限，书中难免存在疏漏或不足之处，敬请各位读者不吝批评指正。

郝 豫

2021 年 3 月

于河南理工大学，河南焦作

目　录

第1章 绪论

1.1 研究背景

在工业文明不断深入发展以及全球化影响进一步加深的大背景下，现代工业文明在极大提高社会生产力的同时，也不可避免地带来了环境污染、生态危机、核危机等潜在的“副作用”，尤其是人类生存环境的日益恶化和重大安全事件的时有发生，更加剧了人类对自身安全的高度关注和安全感的普遍缺乏，也致使“风险社会”成为当前全球化时代背景下的必然语境。对我国而言，伴随着改革开放进行到“深水区”和“攻坚期”，我国社会也已经进入真正意义上的“高风险社会”。社会转型过程中累积了各种新旧矛盾和风险，再加上财富、权利或风险分配的不公正，形成了许许多多的不稳定因素或风险，一旦这些不稳定因素或风险处置不当，就极易引发影响社会稳定的重大群体性突发事件，从而严重影响我国社会的安全运行与和谐稳定。当前我国最易发生的三类社会安全事件主要包括重大刑事案件、恐怖袭击和规模较大的群体性突发事件，其中，以群体性突发事件对社会运行及稳定产生的影响最大[1]。中国社会科学院发布的2013年《社会蓝皮书》显示，我国近几年因各种矛盾而导致的群体性事件数量每年都多达数万起甚至十余万起。这些频发的群体性事件对我国的经济发展、社会稳定产生了重要影响，也给我国政府的应急管理造成了严峻的挑战。

在我国频发的群体性事件中，围绕环境安全的群体性事件正处于高发态势，根据中国社会科学院单光鼐研究员带领的研究团队进行的数据统计，仅 2016 年上半年，我国发生的规模较大的环境群体性事件至少有 52 起，其中千人以上规模的就有 12 起。通俗而言，环境群体性事件是指由环境矛盾和纠纷所引发的人员大规模聚集进而产生妨碍公众秩序、影响社会治安甚至造成财产损失和人员伤亡等负面效应的事件。作为群体性事件的一种类型，环境群体性事件是环境矛盾和纠纷得不到妥善解决的消极表现，也是公众进行环境抗争的非理性形式。因环境问题引发的公众与企业、地方政府对抗的环境群体性事件时有发生，成为继社会管理、劳资纠纷之后备受社会关注的第三大群体性事件（图 1-1），也成为引发社会动荡、影响稳定发展的重要风险源和冲击社会秩序的实质性因素[2]。

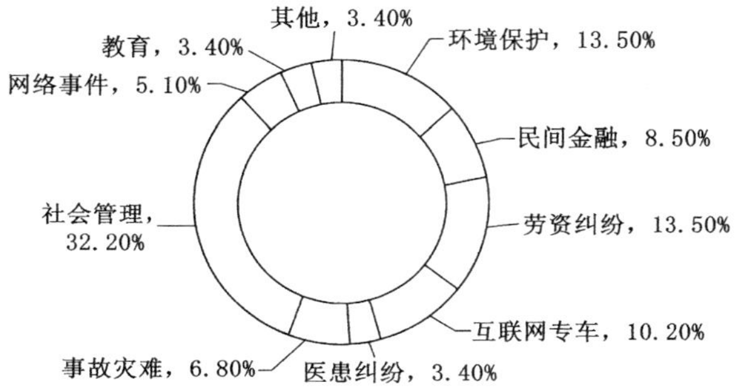

图 1-1　2015 年群体性事件高发领域分布

环境群体性事件的高发频发，一方面与我国严峻的环境污染形势有关，另一方面与公众日益增长的环保意识和对未来可能发生的环境风险的忧惧也有关系。根据 2011—2015 年全国环境统计年报的相关数据，我国公众对于环境问题的信访和投诉数量呈逐年上升趋势（表 1-1），尤其是通过电话/网络投诉渠道投诉数量增长明显，公众对环境投诉的增多不仅凸显了环境问题，更表明公众的环保意识和维权意识在不断增强。根据上海交通大学开展的关于居民环保态度的调查结果，将近八成的被调查对象认可环境保护要比经济发展在当前的意义更为重要。这表明，大多数公众已经认识到环境保护的重要性，当环境保护与经济发展产生激烈矛盾时，多数公众会站在保护环境的一方。

表 1-1　2011—2015 年公众对于环境问题的信访和投诉情况

年份	来信总数/封	来访批次/批	来访人次/次	电话/网络投诉数/件
2011	201 631	53 505	107 597	852 700
2012	107 120	53 505	96 145	892 348
2013	103 776	46 162	107 162	1 112 172
2014	113 086	50 934	109 426	1 511 872
2015	121 462	48 010	104 323	1 646 705

这些由环境纠纷而引发的群体性事件中，一部分是由于既成的环境污染事实而导致的，还有相当一部分则是由于相关重大工程项目或设施存在污染环境的风险从而导致公众的忧惧和抵制而引发的冲突。从 2007 年的厦门 PX 项目事件，再到 2012 年的四川什邡宏达钼铜项目群体性事件、江苏启东王子排污事件等，我国由环境敏感性重大工程项目的上马或建设引发的群体性事件正在呈愈演愈烈之势，对我国社会的和谐稳定以及经济的正常发展构成了严峻挑战，也日益成为政府不得不面对的公共安全问题。

随着我国城市化进程的不断推进和社会发展需求的日益增大，越来越多的重大工程项目相继启动，尤其是像核电站、化工厂、垃圾处理站等环境敏感性重大工程在全国各地频频上马。这些重大工程项目是现阶段我国经济发展与社会建设不可或缺的重要工程，对于加快经济发展、优化经济结构以及改善人民生活水平有着重要意义[3]。但是，任何事物都有两面性，一方面，这些重大工程是城市经济发展的助推器，对于推动我国城镇化建设和区域经济发展有着不可或缺的重要作用；另一方面，这些重大工程项目由于具有“环境敏感性”，其潜在的环境风险很容易引发公众的抵触心理和反抗情绪，从而引发环境群体性事件，导致这些工程项目陷入“一上就闹、一闹就停”的尴尬境地。比如，《2016 年中国社会群体性事件分析报告》显示，仅 2016 年一个季度，我国就有 50 多个垃圾焚烧工程项目拟投建和在建，但是许多工程项目初经公开，就遭到了当地民众的集体抵制。目前我国各地环境敏感性重大工程项目已经陷入了举步维艰的窘况，给社会公共安全和政府治理造成了严峻的挑战。如何解决经济发展、环境保护和社会稳定三者之间的矛盾已经成为当前我国各级政府亟待解决的难题。社会安全是国家安全、社会稳定与发展的前提和基础，越来越多由环境敏感性重大工程引发的群体性事件严重影响着我国社会的稳定。因此，在当前高风险的社会背景下，深入研究环境敏感性重大工程项目社会稳定风险的机理、本质，探究环境风险到群体性突发事件社会危机的转化逻辑和路径，寻求有效的风险预防预控和综合治理之道，已是当前亟待解决的重要课题。

1.2 研究现状与存在问题

结合本书的研究需要，笔者梳理总结了国内外的相关研究现状，主要包括以下几个方面。

1.2.1 风险研究现状

“风险”(risk)是风险社会理论的关键词，也是核心概念。可以说，任何社会都存在“风险”，风险本身就是人类社会实践活动的产物，风险总是与人类社会相生相伴，在人类社会发展的各个阶段都客观存在，只是其产生原因、表现方式和社会效应在不同的社会背景下存在着差异而已。这也导致了专家学者对“风险”的具体内涵争论不休，众说纷纭，风险研究也始终缺乏一种统一的理论框架[4]。

关于“风险”的最早的定义是由美国学者 Haynes 在 1895 年给出的，他把风险定义为“带来损失的可能性”[5]。Kasperson 认为风险的本质就是不确定，一切可能对人或物带来损害的事件或行为都可被称为风险。此后，大量学者也从自己的视角对“风险”一词进行了具体界定，如我国学者罗云认为，风险是“事件可能性与严重性的结合”[6]。伴随着工业化进程的不断加快，各种安全事故不断发生，人们对于风险的认识也在逐渐深化，对风险进行管控的意识与愿望也越来越强烈。虽然不同领域的研究者对风险的成因以及应对态度和方式观点不一，但有一点是他们一致认同的：风险的本质之一，就是对于未来的不确定性，或者说对于未来损害(损失)的不确定性。而这种不确定性则是源于人们对风险的主观感知。在社会稳定风险的语境下，要把握风险的实质，还必须深刻理解其与相关概念之间的关系。

(1) 风险与危机。“风险”和“危机”这两个概念由于其相似性导致在现实中经常被混用，实际上它们之间的区别很大。一方面，“风险”和“危机”隶属于不同的学科范畴。一般来说风险多被用于经济学、社会学以及文化人类学等相关学科中，而危机则是一个管理学范畴的概念。另一方面，“风险”和“危机”二者体现着过程的先后顺序。“风险是前期形态，危机是后期表现，风险与危机之间是一个连续统。”[7]风险在前，危机在后。风险是因，危机是果，二者之间有一定因果关系[8]。此外，二者在表现形态上也有着本质差异，“风险”相对抽象，一般指发生损害的可能性；而“危机”则是具体的，一般指发生在眼前的可见的损失[9]。所以，我们研究“风险”是为了揭示和反思问题，防止风险随着时间的推移和量的积累最后演化为“危机”。

(2) 风险、危险与安全。“风险”与“安全”是与人类的现实生活联系最为密切的两个概念，同时亦是相互对应的两种状态。“安全”在英文中的表达为“security”，一般解释为“免于受侵害和威胁的状态”。在汉语中，人们一般将其通俗地理解为“免于危险和威胁”。通俗来讲，安全就是没有危险或免于危险的状态。现实生活中也有人将“安全”与“和平”“稳定”“无战争”等词语视为同义词，认为真正的安全，不仅能够保持某种现有的良好稳定状态和秩序，避免潜在的威胁和恐慌，还能保持对未来可持续发展的追求[10]。目前我国理论界通常从“大安全”的角度将安全问题划分为四大部分，分别是自然灾害、事故灾难、公共卫生和社会安全[11]。风险、危险与安全之间呈现出的是一种此消彼长的关系，风险越大，危险度就越高，安全性就越弱，反之亦然。在当前风险社会语境下，伴随着各种突发事件的频繁发生，现代工业社会表现出了高风险属性，也凸显了现代社会的不安全状态。

(3) 风险与应急管理。近年来，随着各类突发事件愈演愈烈，风险和应急管理逐渐成为政府和民众关注的焦点。由于突发事件爆发前的风险评估能够起到预先警示进而防患于未然的积极作用，起到突发事件应急管理的“关口前移”的作用，因此受到了政府部门和学界广泛的重视。

综上所述，风险本质的核心特征就是其损害的不确定性。这种不确定性一方面来源于客观上的事件与行为本身，另一方面来源于主观上人类认知能力的有限性和信息的不对称性。据此，本书把风险的内涵界定为“对一定主体产生损害的不确定性”。风险由如下3个基本要素组成，其相互关系如图1-2所示。

① 风险因素。它是指可能导致潜在损失的各种客观条件与状态。

② 损害。它是指由风险造成的各种有形或无形损害，包括人员伤亡和财产减少等。

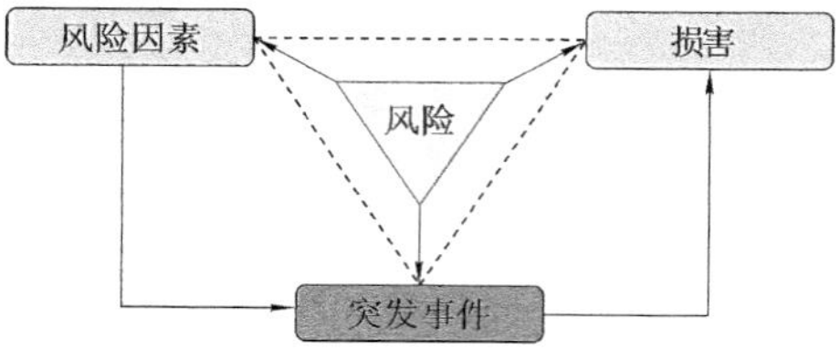

图 1-2　风险三要素

③ 突发事件。它是连接风险因素与损害的桥梁，也是将潜在损害转化成实际损害的直接原因，因而是构成风险的关键要素。

可见，有效的风险管理离不开对潜在突发事件的正确识别和评估。风险评估可以实现对突发事件的预先警示和防控，有助于实现突发事件应急管理"关口前移""重心下移"的目标。

1.2.2　风险管理研究现状

风险管理的概念最初是在20世纪60年代被提出来的。风险管理的精确概念最早是由Arthur Williams和Richard Heins给出的：风险管理是一种可以通过识别、测量和控制风险来将风险损失最小化的管理方法。此后，风险管理成为管理领域的一个新兴学科，并逐渐渗透到其他领域，如经济学、环境科学、社会科学等[12]。因此，风险管理理论和技术目前在西方发达国家已经逐渐形成了一套成熟的理论与方法。

我国学术界对风险管理的研究相较于西方发达国家起步比较晚，从20世纪80年代才开始对风险管理开展深入研究[13]。2001年，《职业健康安全管理体系 规范》(GB/T 28001—2001)明确规定了风险辨识、风险评价和风险控制的作用和规范要求，推动了风险管理的应用与研究[14]。风险管理理论研究热潮在我国正式兴起的两大标志性事件，一是中国灾害防御协会风险分析专业委员会(RAC)于2004年12月成立，二是2009年10月国际风险分析学会中国分部(SRA-China)正式组建。经过近几年的发展，我国在风险管理方面取得了长足的进展，尤其是自然灾害领域和经济领域已经成为当前我国风险管理研究的主要学科领域和阵地，并得到深入应用。但我国目前对风险管理的研究偏重于理论研究和量化分析上，在实践中的应用还不够全面，且缺乏系统性。尤其是在社会安全风险领域，我国政府部门现阶段对社会安全风险管理的重视程度还不够，风险意识还不够强。因此，我国的风险管理在现阶段总体上还处于初级阶段，还需要在理论上和实践中不断完善与深化，以使风险管理能够更好地服务于我国的社会安全和经济发展。

1.2.3 社会稳定风险研究现状

社会稳定风险是一个具有中国特色的概念，与社会风险的研究有着密切关系。“社会风险”的概念来源于社会学领域，用以表示“社会系统遭受损失的不确定性”[15-17]。我国学者对社会风险的研究始于20世纪80年代，一般将其概念界定为“导致社会冲突，危及社会稳定和社会秩序的可能性”[18]。“风险社会理论”研究的热潮，对提高人们的风险意识和加强政府的风险管理起到了积极作用。社会风险的存在意味着爆发社会危机的可能性，一旦这种可能性演变成为现实，社会风险就转变成了社会危机，将给社会稳定和社会秩序带来灾难性的影响。正是基于社会风险和社会稳定及社会秩序之间的逻辑演化关系，很多学者将群体性事件描述为社会冲突或社会稳定问题，将群体性事件爆发的这种可能性界定为“社会稳定风险”。近年来随着群体性事件的高发，“维稳”已经逐渐成为当前我国社会的新常态和国家战略[19]，“社会稳定风险”也逐渐成为我国理论界关注的焦点。它在国外并没有相对应的词汇，最早起源于我国的一项制度创新和管理实践，确切来说，就是源于2005年四川省遂宁市政府建立并实施的“重大事项社会稳定风险评估机制”。四川省遂宁市于2006年在全国率先建立“重大工程项目社会稳定风险评估预测化解机制”，并形成了独具特色的“遂宁模式”，其他地方也纷纷效仿，快速跟进，涌现出了如“上海模式”、江苏的“淮安模式”、浙江的“平阳模式”和贵州的“铜仁模式”等一大批经典地方治理模式，形成了“遍地开花”“燎原之势”的局面。

受到社会实践需求的推动，国内理论界也逐渐掀起了关于“社会稳定风险”这一学术议题的研究热潮，并涌现出了丰富的研究成果。笔者在中国期刊全文数据库(CNKI)进行检索，发现2007—2017年这十年间以“社会稳定风险”为篇名的论文达到653篇，具体数据分布如表1-2所列，趋势变化情况如图1-3所示。从这个趋势可以看出，社会稳定风险这一议题已经引起了学者们的高度关注。

表 1-2　2007—2017 年篇名中有“社会稳定风险”关键词的文献篇数分布

数量		年份											
		2007	2008	2009	2010	2011	2012	2013	2014	2015	2016	2017	合计
文献类型	学术期刊	1	0	4	9	26	41	77	108	91	107	76	540
	学位论文	0	0	0	0	0	6	7	16	11	49	24	113
	会议	0	0	0	0	2	3	2	2	9	2	0	20
	报纸	7	11	30	60	73	31	38	59	28	78	67	482
	合计	8	11	34	69	101	81	124	185	139	236	167	1 155

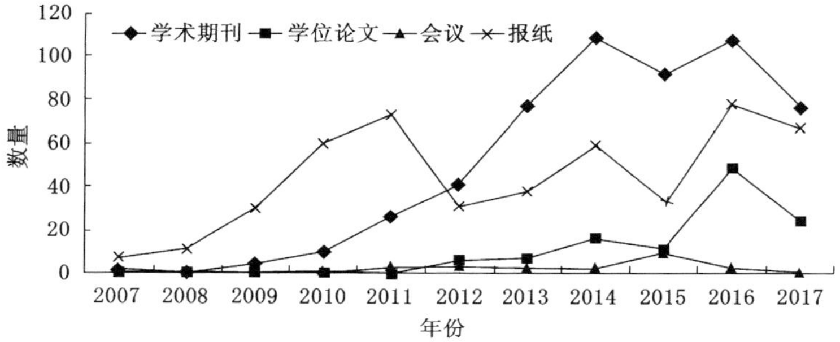

图 1-3　2007—2017 年“社会稳定风险”相关研究文献趋势变化

笔者发现，国内有关社会稳定风险的社会实践和议题自 2006 年才刚刚开始，此前并没有相关研究文献，所以本书选取从 2007 年开始来了解我国学界关于社会稳定风险的研究现状。通过对搜索的已有研究文献的梳理和分析可以发现，目前我国学者对于社会稳定风险的研究主要集中在以下几个方面。

1.2.3.1　社会稳定风险主要因素的研究

系统分析并科学界定影响社会稳定的主要风险因素，是有效防范与治理社会稳定风险的前提[20]。对于社会稳定风险的主要因素，不同学者有着不同的看法，但有一点是众多学者一致认同的，即社会稳定的风险因素是多方面的。如朱德米[21]认为公共政策中的社会风险源自政策缝隙，同一领域的政策在时间、空间、社会群体之间的实质性内容存在着不一致。胡象明等[22]将“利益相关者理论”作为社会稳定风险的理论基础，基于利益相关者的利益诉求、期望、心理和行为表现识别社会稳定风险的风险源。杨芳勇[23]引入"社会燃烧理论"研究社会稳定风险的传导，认为燃烧物质就是社会稳定风险，从而对所蕴藏的风险源进行识别。朱正威等[24]结合风险传导理论，基于贝叶斯网络分析对社会稳定风险因素进行了全面分析，指出风险传导过程中受到了诸多因素的影响，且各因素影响作用大小不尽相同，应予以区别对待。童星[25]从风险的结构化识别、风险链的识别两部分入手对社会稳定风险源进行了概括和阐释。化涛[10]认为社会稳定风险的主要因素包括经济风险、政治风险、文化风险、生态能源风险和社会风险。

1.2.3.2　社会稳定风险评价的研究

与国外没有"社会稳定风险"这个概念一样，国外也没有"社会稳定风险评估"这个概念，只有与之比较接近的词语，如"社区安全风险评估""项目社会影响评估"，这些评估虽然对我国社会稳定风险评估工作具有一定的借鉴意义，但在本质上存在很大不同。当前国内理论界对社会稳定风险评估的研究主要集中在评估内容和评价指标体系两个方面。如南京大学的宋林飞[26]早在1999年就提出了未来社会秩序的不确定性、社会稳定预期、适度社会成本、非均衡社会、早期预警等五种社会风险预警理念，并且设计了包括七大类、40多个指标的社会风险预警指标体系具体指标。中国科学院的牛文元[27]提出了研制和运行中国社会稳定预警系统的构想，据此构建了包括13项约束条件、8个大类、32个大组、67个指标和189个要素的社会稳定预警系统。朱正威等[28]以重大事项为研究对象，构建了社会稳定风险评估公众参与意愿影响因素概念模型，分析了影响社会稳定风险评估公众参与的主要因素。高玫等[29]以重大政策项目为研究点，提出社会稳定风险评估体系是包括政治、经济、社会、环境和工程等多个因素的复合系统。孙琦峰[30]设计了以经济指标评估社会稳定风险的五大类经济指标体系，包含人均国内生产总值、GDP增速、基尼系数、物价指数和失业率。

在社会稳定风险评价方法方面，目前绝大多数都是基于典型模式经验或者是针对少数相关案例的比较分析获得的，并没有运用完整且系统的研究方法确保过程的严谨性。目前最具有代表性的评价方法是通过项目本身的安全性、合法性、合理性、可行性、可控性等和外部环境涉及的相关指标（包括经济环境、社会环境、政治环境、价值观等）来构建评估指标体系。

通过梳理这些数量可观的研究文献发现，目前我国学界已经初步建立了社会稳定风险的研究领域，并尝试开始从解释性研究走向治理性研究。但是，毕竟社会稳定风险是当前我国风险社会背景下的新生事物，才刚刚走过 10 余年的发展历程，尽管经过众多理论研究者的努力已经初步形成了社会稳定风险的研究体系，取得了相当丰富的研究成果，为基础性研究创造了良好的氛围，但是基本还属于人文社科研究的主要理论关切。基于此，本书将从工程技术的视角将重大工程的社会风险的内涵界定为社会稳定风险，并在后续章节中展开相关论述。

1.2.4 重大工程社会风险研究现状

重大工程一般指具有一定投资规模，关系国计民生或对一定区域内关乎民众利益的社会经济、政治、文化、生态环境等有着重要影响，容易导致社会民众利益冲突的工程项目[31]。重大工程项目在选址、修建和运营过程中，由于项目安全危机、征地拆迁、环境破坏、弱势群体影响等方面而产生对社会民众影响面大、持续时间长并容易导致较大社会冲突的不确定性或可能性。这种不确定性形成了学界和政府部门日益重视的“重大工程社会风险”，也有很多学者将这种重大工程社会风险称为“社会稳定风险”，它是党的十八大以来多次提到的“重大决策社会稳定风险”中一个非常重要的子类目。随着由工程项目建设而导致的群体性事件越来越多，学术界开始深入研究项目的社会风险，是对项目在经济评价、环境评价、社会评价之外进行更深层次的延伸。同时，政府和业界也逐步开始推动项目稳评工作。目前，国内外对重大工程项目社会风险的研究主要集中在指标体系建立和风险评价两方面[3]。

对于指标体系的建立，国内外学者主要通过因素分析法确定主要风险因素，然后细化各因素形成二级指标，最终建立指标体系。如世界银行通过因素分析法针对投资项目制定社会风险评价指标体系；杨琳等[32]亦通过此方法将重大工程项目的社会风险分为经济方面、生态环境方面、社会方面和制度方面四类因素；田涌等[33]从工程项目实施前、实施过程、实施结果以及外在环境四个方面建立农村重大工程项目社会风险指标体系。此外，国内学者还通过调查问卷筛选预定指标的方式建立指标体系，如曹峰等[34]通过调查问卷的形式对民众关心的环境问题和经济社会问题进行研究；滕敏敏等[35]结合调查问卷，通过临界比值检验和同质性检验构建大型基础设施项目社会影响评价指标体系。

风险评价方面，国家发展改革委在2012年制定的《国家发展改革委重大固定资产投资项目社会稳定风险评估暂行办法》中，明确提出了综合评估模式，即通过公示、问卷调查、实地走访和召开座谈会、听证会等方式，分析判断并确定风险等级。此外，国内学者在各自领域都提出通过定量分析与定性分析相结合的方式提高评估准确性，如黄德春等[36]应用广义脆弱性模型将重大水利工程的风险转化为暴露程度和社会敏感性指标，并定义了各指标的数学表达式；何德文等[37]提出多层次模糊综合评价方法，采用线性评分函数确定定量指标隶属度，通过专家打分获得定量指标隶属度，最终以层次分析的方式实现系统综合性评价。

通过梳理已有研究文献发现，在研究内容方面，目前国内学界对重大工程社会风险方面展开的研究大多侧重于经济和社会效益、生态环境方面，对重大工程项目，尤其是环境敏感性重大工程项目引发群体性事件的这种社会安全风险的主要影响因素，以及社会安全风险的产生、形成和演化机理等方面的研究还不够系统和深入。在研究方法方面，目前学界对重大工程社会风险的研究还是以定性研究为主，定量研究不足，尤其是缺乏实证方面的研究。

1.2.5 群体性突发事件研究现状

国内学界一般将"群体性突发事件"简称为"群体性事件"。与"社会稳定风险"一样，"群体性事件"也是属于具有中国特色的独有词汇，国外并没有群体性事件这一定义，一般称为"集合行为"。而环境群体性事件在国外被称为环境抗争，即公众因维护在适宜环境中生活的权利而自发产生的集体行动[38]。我国国务院于2006年颁发的《国家突发公共事件总体应急预案》将突发事件定义为突然发生，造成或者可能造成重大人员伤亡、财产损失、生态环境破坏和严重社会危害，危及公共安全的紧急事件[39]。而在《中华人民共和国突发事件应对法》中，突发事件是指突然发生，造成或者可能造成严重社会危害，需要采取应急处置措施予以应对的自然灾害、事故灾难、公共卫生事件和社会安全事件。这项定义同时也表明了我国对于突发事件的基本分类。表1-3对此进行了一些简单的说明和举例。

表 1-3　四类突发事件的主要特征及事例

事件类型	特征描述	具体事例
自然灾害	由于自然原因而导致的突发事件	地震、龙卷风、海啸、洪水、暴风雪、酷热或寒冷、干旱或昆虫侵袭
事故灾难	主要由人为原因造成的紧急事件，包括那些由于人类活动或者人类发展所导致的计划之外的事件或事故	化学品泄漏、核泄漏、设备故障、车祸、城市火灾
公共卫生事件	主要由病菌或病毒引起的大面积的疾病流行等事件	非典疫情、霍乱、食品安全突发事件、新冠肺炎疫情
社会安全事件	主要由社会矛盾和冲突引起，可能危及社会安全和社会稳定的大规模群体性突发事件	群体性事件、重大刑事案件、恐怖袭击

根据表 1-3 对突发事件的分类，群体性（突发）事件属于社会安全事件。随着我国社会步入社会转型期和矛盾多发时期，因各种矛盾导致的突发事件也在逐渐增多。据 2013 年《社会蓝皮书》披露，近年来我国每年因各种社会矛盾而发生的群体性事件多达数万起甚至十余万起，实践需要催生了理论研究的热潮，近年来众多学者对群体性事件展开了大量的研究，也取得了比较丰富的成果。虽然目前学界对于群体性事件的研究已经不是一个新课题，但是对于风险型环境群体性突发事件的专门研究还十分鲜见[40]。这是因为风险型环境群体性突发事件的发生是伴随着近年来工业化的迅速发展而产生的，因而其研究历史并不长。在一定意义上，风险型环境群体性突发事件无论从特点、发生机制、演化机理上看，还是从结果上看，都是一种极具典型意义的群体性突发事件的特殊类型，值得我们深入研究。在实践层面，相较于传统群体性事件，政府部门对此类事件的治理能力亟待提高。从近年来我国发生的多起此类事件的结果来看，政府最终往往都以谈判妥协的方式来“息事宁人”，很多重大工程项目被政府紧急叫停或取消，环境敏感性重大工程的建设也陷入了“一上就闹、一闹就停”的尴尬境况，呈现政府和当地民众“双输”的局面。

1.2.6 存在问题分析

现阶段，重大工程的社会风险问题已引起人们的广泛关注和高度重视，但是关于敏感性重大工程的社会风险的研究仍处于起步阶段，针对敏感性重大工程的社会风险机理演化的分析还不够深入，更是缺乏对量化模型的研究。通过对目前国内外风险管理以及社会风险的研究现状进行梳理和分析得知，针对环境敏感性工程项目社会安全风险方面的研究还不够深入，存在以下问题：

(1) 整体性和系统性不足。目前学界在剖析重大工程项目社会风险产生的根源时，有些研究受限于学科背景，只能进行单维度的解释，缺乏一定的整体性和系统性。尽管也有少数学者进行了综合分析的探索研究，但也仅限于将几种原因简单地"合并同类项"，缺乏系统的整合，而且没能理清各变量之间的相互关系。对评估的总体性理论框架也涉及不足，无法反映整体社会风险的状态，往往使风险评价或预警工作难于实现辅助政府决策的目标。

(2) 过程性和逻辑性不足。在重大工程项目社会风险发展演化过程中，从环境风险到公共危机的形成，其背后存在怎样的风险逻辑？哪些机制在风险演化过程中发挥了作用？就重大工程项目社会风险的整体过程性分析而言，目前国内学界真正意义上的过程化研究还相对较少，缺乏重大工程项目社会风险机理分析的研究，尤其是对环境敏感性重大工程项目从环境风险到群体性事件爆发这种社会安全风险再到社会危机之间的深层次的突变机理缺乏理论探究，无法为该类项目风险预警预控模式优化提供足够理论支持。

(3) 方法有待拓展。目前国内对重大工程社会风险评估研究大多集中于定性研究，定量研究相对不足，尤其是缺乏实证方面的研究。目前关于重大工程社会风险和社会稳定风险评价方法主要有层次分析法、模糊数学法及熵权法等，但是大多数研究仅仅采取单一的设计方法，使复杂的问题过于简单化。这种单一的评估方法使社会问题过于量化考核，影响重大工程社会安全和稳定的主观因素以及复杂环境的关联性在评估中往往没有给予重视。

(4) 缺乏对公众风险感知的研究。虽然近年来已有部分学者意识到了社会稳定风险评估中公众风险感知的重要性，从不同角度研究了风险感知与群体性事件的关系，并建议在社会稳定风险评估中重视公众的风险感知，但是笔者并没有发现将公众风险感知纳入社会风险评价模型，构建指标体系进行实证研究的相关文献。因此，本书将尝试从风险感知角度出发，构建一套全新的适用于敏感性重大工程的社会安全风险量化模型和指标体系。

综上所述，目前学界对于环境敏感性重大工程项目社会风险产生、发展和演化的本质以及机理逻辑研究不足，评价方法简单，有待拓展，定量研究不足，尤其是缺乏从公众风险感知角度来对重大工程项目社会安全风险评价模型进行优化的相关研究，实证研究更是十分鲜见。基于此，本书将突变理论引入社会安全风险评价中来，从系统突变角度对风险的产生、发展和演化机理进行探究，并从公众风险感知角度出发，结合已有风险评价模型和指标体系，完善现有风险评估模式和方法，并引入基于风险的管控(risk based supervision/management，RBS/M)理念，探讨基于风险分级的环境敏感性重大工程社会安全风险管控模式，以期为重大工程项目社会风险的防控和治理提供新的思路。

1.3 研究目的及意义

1.3.1 研究目的

当前我国改革开放已经进入“深水区”和“攻坚期”，伴随着日益明显的社会结构分化、利益多元化和利益博弈趋势，社会转型过程中累积了各种新旧矛盾和风险，再加上财富、权利或风险分配的不公正，导致社会冲突频发，给我国的公共安全带来了很大的不稳定性和脆弱性。这表明，中国已经进入“高风险社会”，政府面临各种严重的风险挑战。这种高风险社会背景要求当今政府部门增强风险意识，树立风险的源头治理、动态治理和综合治理的理念，全面准确把握当前社会风险的新态势，积极建立社会风险综合治理的管控体系。

本书以笔者主持的教育部人文社会科学研究青年基金项目“基于RBS/M的重大工程社会稳定风险评估机制与预警模式研究”为依托和背景，并在其基础上做进一步的深化。在深入分析近年来国内发生的环境敏感性重大工程引致的群体性突发事件的基础上，以社会风险相关基础理论为主线，从公众风险感知视角入手，根据安全工程事故分析的“4M”要素，对环境敏感性重大工程社会安全风险影响要素进行分析，并运用解释结构模型对关键影响因素及其关系进行提取和分析，同时结合风险感知和突变理论的理论知识建立社会安全风险突变模型，探究环境敏感性重大工程从环境风险到群体性突发事件这种社会安全风险再到社会危机的发生、发展和演化机理，从而构建全新的社会稳定风险评估框架体系和评价模型，并结合案例进行了实证研究，从实际应用出发，为环境敏感性重大工程的社会稳定风险的评价和预防预控，以及完善我国现有的稳评机制，提供一种新的思路、理论和方法。本书旨在为我国环境敏感性重大工程社会稳定风险评价做出探索性研究，为构建完善的重大工程社会稳定风险评估机制和模式提供相应的理论基础和参考框架。

1.3.2 研究意义

本书的独到学术价值和应用价值主要体现为在环境敏感性重大工程社会安全风险评估与管控问题的研究上展示了新视角、新观点，也丰富了研究方法，具有重要的价值和意义。

(1) 本书将风险管理相关理论、突变理论以及 RBS/M 理念引入重大工程社会风险评估中来，以社会风险所蕴含的整体性、系统性思维来把握重大工程项目社会安全风险评估问题，对工程建设项目社会风险形成演化机理与防控进行系统研究，可以补充风险管理理论的研究内容，丰富我国在重大工程项目社会风险评估方面的理论与方法，具有一定的理论价值。

(2) 本书在梳理近十年来国内发生的 20 起环境敏感性重大工程引致的群体性突发事件的基础上，从事故致因理论的“4M”要素出发，分析重大工程项目建设中社会稳定风险的来源、形式、本质和演化机理，并运用突变理论对风险型环境群体性事件进行了情景推演，找到问题的关键，提出有效的对策方略，具有重要的现实指导意义。

(3) 本书从公众感知视角出发，构建了全新的环境敏感性重大工程社会安全风险量化评价模型，通过南阳核电站的实证调查和研究，验证了新评估模型的有效性和解释力，并提出了完善现有风险评估制度和防控的相关建议，具有重要的决策参考意义。

1.4 研究内容

本书以国内外重大工程社会风险管理及环境群体性突发事件的研究成果为基础，提出了环境敏感性重大工程的社会安全风险的概念，并引入突变理论，以公众风险感知为视角，针对我国环境敏感性重大工程社会风险进行系统研究，分析其演化和突变机理，确定其影响因素，设计环境敏感性重大工程社会安全风险定量评价模型和方法，并研究其可接受标准以及管控措施，具体研究内容主要包括以下7个部分：

（1）介绍目前我国环境敏感性重大工程社会风险的现状，深入分析国内外关于社会风险、重大工程社会风险以及环境群体性突发事件等问题的研究现状，并分析、学习相关的研究理论和方法，同时归纳、发现目前我国在环境敏感性重大工程社会风险研究方面存在的主要问题，阐述本书的研究目的和意义，确定本书的主要研究内容和技术路线。

（2）通过对历史文献的研究，比对国内外学者从不同研究角度对风险的不同定义，基于本书的研究内容，对社会稳定风险、社会安全风险及环境敏感性重大工程社会安全风险进行定义，研究社会安全风险的基本特征，并对环境敏感性重大工程社会安全风险爆发的集中表现——风险型环境群体性事件的内涵进行进一步的阐述。基于风险社会理论、公共危机管理理论和突变理论三个方面，分析探讨其在环境群体性事件风险防控中的应用，并重点探讨突变理论在社会安全风险评估和预警中的适用性，为环境敏感性重大工程社会安全风险机理分析及综合治理策略的制定奠定理论基础。

（3）通过分析近年来典型风险型环境群体性事件案例，从“4M”视角入手分析环境敏感性重大工程引致环境群体性事件的根本原因，梳理出风险型环境群体性事件发生的多个影响因素，并对各影响因素进行详细辨识，运用DEMATEL-ISM集成模型对这些影响因素进行解释结构模型分析，明确各影响因素在环境敏感性重大工程安全风险系统中的结构关系。

（4）基于对风险型环境群体性突发事件影响因素的分析，对重大工程社会稳定风险的一般机理和环境敏感性重大工程引发群体性突发事件的突变机理分别进行分析。从社会稳定风险产生机理、发展和演化三个阶段剖析政府、群众、项目运营方等相关主体及多方面影响因素在重大工程建设过程中的运动、发展和演化规律，构建重大工程社会稳定风险的一般机理体系。从公众风险感知和政府行为管理两个方面论述敏感性重大工程的环境风险到群体性事件爆发这种社会安全风险的转化机理，构建环境敏感性重大工程安全风险的突变路径模型。

(5) 基于突变理论的分析，阐述突变理论的基础，讨论其在社会风险分析中的适用性，进而基于突变理论的数学原理，选择控制变量和状态变量，构建环境敏感性重大工程社会安全风险尖点突变势函数结构模型，从而分别获得稳定状态、临界稳定状态和失稳状态下的公众风险感知和政府行为管理两个方面的情景组合表，并选取四川什邡宏达钼铜项目群体性事件作为案例进行尖点突变模型推演分析。

(6) 引入突变级数法，综合考虑环境敏感性重大工程的公众风险感知因素、政府行为管理因素、工程项目固有风险因素和社会环境系统因素等四方面因素，运用因子分析法对关键因素进行优选，得到环境敏感性重大工程社会安全风险的突变评价模型。结合实际数据的收集并借鉴相关已有研究成果，构建适合突变级数法的评价指标体系，从而建立基于突变级数法的环境敏感性重大工程社会安全风险综合评价数学模型，并研究社会安全风险的可接受准则，提出环境敏感性重大工程基于风险的管控(RBS/M)理念，探讨基于风险分级的环境敏感性重大工程项目社会安全风险管控模式。

(7) 选取南阳核电站并根据收集的实际数据，运用构建的环境敏感性重大工程社会安全风险综合量化模型进行评价，获得当地社会安全风险状态综合评价结果，设定社会安全风险的可接受准则，根据评价结果从多方面提出社会安全风险治理的相关建议。

1.5　研究技术路线

本书的研究技术路线如图 1-4 所示。

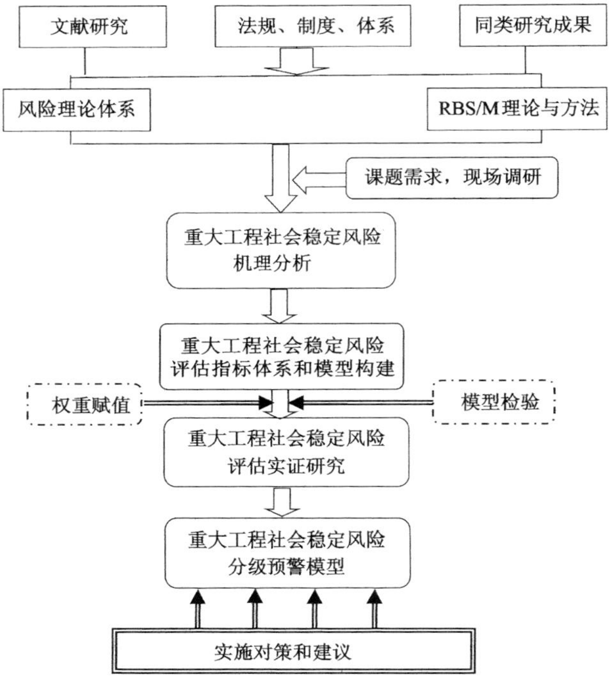

图 1-4　本书研究技术路线图

第2章 相关概念及理论基础

2.1 相关核心概念界定

2.1.1 重大工程

重大工程一般指对我国政治、经济、社会、科技发展、环境保护、公众健康与国家安全等具有重大影响的大型公共工程。在具体的实践过程中，根据我国发布的重大工程项目名单综合分析得到，我国的重大工程项目投资额一般在50亿元以上。此外，在国家级重大工程项目以外，各地区实践中也会根据本地区的情况，划分部分对本地区社会经济文化影响较大的项目作为地区重大工程项目。不同学者由于所处年代、国家和地区不同，以及研究对象和目的不同，对重大工程的定义也存在巨大差异。但是通常意义上重大工程是指“投资规模大、建设周期长、涉及因素多、关系国计民生或对一定区域内关乎民众利益的社会经济、政治、文化、生态环境等有着重要影响，容易导致社会民众利益冲突的工程项目”[41]。重大工程的突出特征就是其社会性、大规模性、复杂性和不确定性[42]。正是由于这些特性，才导致现实生活中重大工程往往具有较多潜在风险和不确定性，存在引发社会不稳定的风险和可能性。在本书的研究过程中，选取国家发展改革委及地方发展改革部门提出来的重大工程项目名单上的项目作为研究的重大工程项目。

环境敏感性重大工程是重大工程中的一个分类，也是本书重点分析的具体项目对象。环境敏感性重大工程除了具备重大工程的基本特点外，还拥有其更为典型的特征——环境风险。一般来说，这类重大工程项目技术风险大，对生态环境潜在影响严重，存在环境污染的可能性，因而更容易引发社会冲突和社会矛盾，导致爆发群体性突发事件，影响社会安全甚至危及社会稳定。如PX项目、核电站项目、垃圾焚烧项目以及污水处理项目等，近年来由环境敏感性重大工程引发的群体性突发事件越来越多，产生了很大的社会影响，环境敏感性重大工程引发群体性事件的社会稳定风险也亟须引起重视。

2.1.2 社会稳定风险

社会稳定风险通常表示对社会稳定和社会秩序造成消极影响，产生社会矛盾冲突的可能性。目前有关社会稳定风险的定义普遍分为两种，第一种认为社会稳定风险是广义的社会风险，即在这个社会的整体系统中，包含政治、经济、文化等多个子系统，子系统中发生的任何风险在一定的外部条件下都将会传递扩散到整个系统，进而综合形成社会风险，对社会稳定产生不利影响；第二种则认为社会稳定风险是一种造成社会损失的可能性，特指造成社会不稳定、民众恐慌不安甚至社会暴乱的可能。根据帕森斯的社会行动理论，社会稳定并非意味着固定不动，而是社会有机体能够协调各子系统之间的相互关系和相互作用，使社会运行处于有条不紊的协调整合状态，因此，社会稳定的实质是社会系统中各子系统之间的相互协调或耦合[31]。“维稳”的根本目的是维护群众根本利益，只有最大程度上减少社会安全类突发事件及其造成的危害，实现社会成员的安全和社会秩序的平稳才能实现维护社会稳定这个目标。对于社会稳定风险的具体内涵，不同学者的表述稍微有点差异，综合众多研究成果，可以将其理解为：“由于利益分配不均、贫富差距过大、生态环境造成严重破坏等因素造成的社会冲突、危及社会秩序和社会稳定的可能性”[43]。

社会稳定风险属于风险社会语义中的“社会风险”，受到众多社会和环境风险因素的影响。社会风险是由社会矛盾引发的，如果处理不当，演化到一定程度就会成为社会危机，造成严重的后果，对社会稳定和社会秩序造成灾难性影响。一个社会的总系统是由各种元素构成的，包括经济、政治、文化、生态等，彼此之间密切相连，互不可分。所以，构成社会的任一元素产生风险都会影响其他元素，最终危害整个社会，形成社会稳定风险。

现代社会语义中，社会稳定风险具有以下几个方面的特征：

(1) 社会稳定风险是具有客观性和主观感知性的。由于风险是客观存在和主观感知的统一体，具有明显的“主观建构性”，所以，社会稳定风险也具有客观性和主观感知性。一方面，它是一种客观存在的社会事实，与现代社会相生相伴，不以人们的意志为转移。另一方面，它又具有明显的主观感知性，公众风险感知受到多方面因素的影响，而风险感知的差异正是现实中许多群体性事件爆发的心理根源。

(2) 社会稳定风险具有时间维度和空间维度。在时间维度上，社会稳定风险是一种导致社会不稳定的突发事件发生的可能性和不确定性，指向的是未来，尚未发生。在空间维度上，社会稳定风险是不断扩展和蔓延的，涉及的地域越来越广，数量越来越多，涉及的人群也会越来越广[44]。

(3) 社会稳定风险具有可预见性和可控性。一方面，社会稳定风险是各种社会矛盾长期积聚的结果，它的出现肯定会有预兆，通过建立社会稳定风险评价和预警机制，可以捕捉到社会稳定风险产生的苗头。另一方面，任何事物的发展和演化都有其内在的机理和规律，都是一个循序渐进的过程，社会稳定风险也不例外，通过社会稳定风险演化机理的探究可以发现其演化的规律，实现社会稳定风险的预防预控。

2.1.3　重大工程社会稳定风险

虽然实践中重大工程项目实施出发点是人民群众的切身利益，然而在实施过程中不免涉及一些群众敏感问题，包括房屋拆迁、土地征收、居民安置、生态环境等。这些问题都是不可忽视的社会稳定风险源，如果不妥善处置，就很容易激发社会矛盾，甚至引起群体性事件。根据前文对“社会稳定风险”及“重大工程”内涵的界定，本书将重大工程社会稳定风险定义为工程项目在实施以及后期运营过程中，存在的可能会导致较大冲突的不确定性风险，其发生会对当地民众和社会造成很大的影响，情况严重的话会危及社会稳定。

在现实生活中，尤其是一些环境敏感性重大工程项目，如核电站、PX 项目、污水处理厂、垃圾焚烧厂等工程项目很容易引起周围民众的关注，民众由于担心具有这些环境风险的重大工程项目上马后会对自身居住环境和身体健康带来威胁而进行群体抵制，爆发群体性突发事件。所以，重大项目社会稳定风险一般由重大项目的建设所带来的潜在环境风险引发,一旦这种社会风险积聚到一定程度,就会爆发群体性突发事件,如果处理不当,就有可能转化为社会危机,引起社会动荡,危及社会稳定。环境群体性事件的爆发是重大工程项目社会稳定风险在现实中的表现[45]。由重大项目引发的群体性突发事件相应地被称为“环境群体性突发事件”。

2.2 相关基础理论

2.2.1 风险社会理论

风险社会理论是我们深入研究社会稳定风险以及风险型环境群体性突发事件的理论背景。国外早在 20 世纪 50 年代就有学者将风险与环境冲突事件联系起来进行研究,并据此将风险及风险冲突概念逐渐扩展到与人类安全相关的讨论中。自从德国社会学家贝克在其《风险社会》《世界风险社会》以及《风险社会理论修正》等一系列著作中明确提出“风险社会”的概念以后,风险社会理论已成为目前学术界研究风险问题的主导范式[40]。

根据贝克的观点,风险社会有两方面的明显特征:一方面是不断扩散的人为不确定性逻辑,另一方面是导致现有社会结构、制度以及关系向更加复杂、偶然和分裂状态转变。所以“风险社会”已经成为一个时代特征,全球社会都已经步入了风险社会,“规避风险”已经成为当代各国政治的核心议题。根据贝克的风险社会理论,风险冲突是风险社会的主要特征,而风险冲突产生的根本原因,是民众在面对未来不确定的风险时产生的对风险的忧惧心理和防御反应,以及在此心理基础上形成的强烈的风险促动性团结倾向。风险冲突预示着与风险相关联的环境群体性突发事件发生的可能性,环境群体性事件是社会冲突的一种具体表现。产生冲突的原因是公众受环境污染影响,不满情绪逐渐累积。冲突的表现形式是聚众、游行等群体行为。根据社会冲突理论,政府对环境群体性事件应当有正确的认识,在消极层面,环境群体性事件影响社会稳定,政府处置时不应采取压制的手段,而应为公众提供表达诉求的渠道;在积极层面,环境群体性事件在某种程度上代表了公众意识的觉醒,促进了民主社会的发展。

2.2.2　风险感知理论

“风险感知”又叫风险认知、风险知觉，是一个心理学术语，指的是人们对于正在或者可能会影响他们的设施和环境的危险程度的判断和评估[46]。风险感知概念最早由哈佛大学学者 Baue 于 1960 年提出，最初被应用于消费领域中解释消费者的购买行为，分析消费者对购买结果的不确定性的认知和判断。1969 年，Starr 首次将“风险感知”概念引入了社会科学领域，并将其描述为“公众对于社会环境中风险的看法和观点”。随后，风险感知概念逐渐渗透到其他领域，并形成了相对比较成熟的研究成果。大量学者的研究证明了公众的行为决策与风险感知之间的密切关系，认为风险感知是公众对各种风险情景做出反应的基础[5,47-48]。在当前风险社会背景下，我国各地爆发的多起由环境敏感性项目引发的群体性事件的一个重要根源，就是不同利益相关者风险感知的差异性，以及由此导致的不同的反应和行为。实践表明，由于公众感知到的风险程度不同，再加上公众自身掌握的相关风险知识的有限性，以及心理因素的影响，使得公众对于环境敏感性重大工程可能带来的未知风险往往产生忧惧。但是在实践中，我国现行的“稳评”制度，不论是研究还是实践都忽略了对公众风险感知的重视，处于双重缺失状态[49]。因此，从公众风险感知视角来审视和解读当下愈演愈烈的由环境敏感性重大工程引致的环境群体性突发事件，能更清晰地揭示社会稳定风险发生的内在机理和演化逻辑[50]。基于此，本书将从风险感知视角来探讨风险型环境群体性突发事件发生的逻辑过程，并构建相应的社会安全风险评价指标体系和模型。

2.2.3　公共危机理论

危机对应的英文单词是“crisis”，源于希腊语的“crinein”，指面临生死的关键时刻。危机包含两种含义，一是危险，即事件发生过程中存在的危险时刻；二是机遇，即在危险状态下存在转折点，事件有可能向稳定方向发展。不同学者对危机的概念有不同的界定。罗森塔尔认为危机是对社会系统构成威胁的，需要在短时间和不确定状态下做出决策的事件。张成福认为危机是影响社会运转，对公众生命财产造成威胁的一种紧急状况，需要采取一定的措施进行应对。

公共危机是出现在公共领域的危机事件，其本质属性是公共，涉及范围广，影响公众利益。汪大海认为，公共危机是指社会组织内部的缺陷未能得到改善，在外因作用下影响社会的正常秩序，需要决策主体整合社会资源进行决策和应对。

对于公共危机管理的定义，国内学者有不同的看法：吴兴军将公共危机管理定义为管理主体在公共管理理论指导下，通过监测、处置等一系列措施降低事件危害的管理活动。汪大海将公共危机管理定义为政府为主的参与主体，为减少危机对公众生命财产、社会稳定的影响，而采取的管理措施。概括来说，公共危机管理应包含四个方面的内涵，一是管理主体以政府为主，企业、社会组织、公众多元参与；二是管理对象为危机与受危机威胁的主体；三是管理方式为一切合法、必要的措施；四是管理目的为尽可能减少危机对公众、社会造成的影响。

公共危机管理在环境群体性事件风险防范中的应用主要体现在：环境群体性事件属于在公共领域出现的危机事件，会给公众财产带来损失，给社会稳定造成危害，因此，需要政府主导，并与企业和公众三方协同处置，采取一系列管理措施，处置恰当可以达到最大限度降低事件不良影响的目的，处置不当则有可能使事件恶化、形成公共危机、危及社会的安全和稳定。

2.2.4 突变理论

2.2.4.1 突变理论的提出

在自然界和人类的社会活动中，除了存在大量渐变的、连续的和有规律的变化现象外，还存在着很多不连续的现象或跃迁现象，这种突变一般是由自然环境、控制条件等因素的渐变最终导致状态的突然变化，如岩石的破裂、火山的爆发、桥梁的倒塌、细胞的分裂、情绪的波动、地震、海啸以及经济危机等，这种由渐变、量变的过程逐渐发展到质变、突变的现象在现实中可以说比比皆是。学界将这种系统由于外界条件和因素的影响，内部状态突然发生了本质上的剧烈变化，导致系统从一个状态瞬间跃化为另外一个状态的现象称为突变，这种突变、瞬时的现象过程是不连续的，没有规律可循，也无法用经典的微积分来进行描述和解释，由此，诞生了突变理论[51]。

突变理论是以数学理论为基础研究突变现象的一种拓扑数学模型，以法国数学家雷内·托姆于 1972 年出版的《结构稳定性和形态发生学》一书作为诞生标志，后经济曼以及吉尔莫雷等学者的深入研究和推广，逐渐形成了一门新的数学分支。突变理论以拓扑学、微分方程和系统论等相关理论为基础，通过构建数学模型来对系统演化过程中不同影响要素的动态发展状况进行定量分析，可以实现对突变现象的定量分析和预测，达到有效预测和控制突变事件的发生及减少突变事件造成的影响及损失的目标。因而，突变理论在数学、物理、化学、生物以及工程技术等多个领域有着广阔的应用前景，并已在相关领域取得了丰富的应用性成果。

突变理论通过数学视角来分析微分动力方法中系统状况发生突变的现象，其实质目标是寻求系统的平衡点或状态。这种核心思想有助于我们理解系统变化和系统中断，能较好地解说和预测自然界和社会上的突然现象，可以被用来认识和预测复杂的系统行为，在解决一些复杂问题上具有其他研究方法无可比拟的优点，因而自诞生以来受到了各国学者的广泛关注，并在实践中在多个领域得到了广泛应用。早在 1976 年日本就有学者将突变理论应用到交通事故中来分析人因失误导致。随后，国外许多学者根据突变理论对安全事故的发展过程进行连续性分析，在系统安全领域取得了不错的进展，并逐渐形成了一种新的多形式突变分析法。我国学界也有部分学者将突变理论运用到系统安全的研究中。早在 1984 年康仲远就通过突变理论构建了岩体不稳定后破碎的尖点突变模型，分析了不同外形岩体的不稳定状态的瞬间变化路径。钱新明教授在 1996 年应用突变理论针对系统安全问题进行研究，构建了系统危险评价的尖点突变模型，从而判断系统的危险程度。熊正美在 1989 年通过突变理论构建了多机供电系统临时状态稳定性的尖点突变模型，为评价供电系统的稳定状态提供了一种新的算法。此外，徐茵通过突变理论对房建项目安全事件和房建项目安全投资状态突变进行了分析和研究[52]。程泽军运用突变理论的尖点突变模型推导出了非常规突发事件演化突变，但是并没有进行更进一步的应用[53]。齐迹以突变理论为工具建立了海上交通安全系统尖点突变评价模型，用来判断海上交通安全系统的安全状态和等级[54]。龙琼等人根据尖点突变理论建立了城市道路交通流表征模型，从而对城市交通事故实现了快速及时的自动检测[55]。

综上所述，虽然突变理论作为数学学科的一个分支，原理非常繁杂，也很少为人所熟知，但是由于其易于应用的显著优点，非常适用于研究内部结构复杂或者内部因素间的相互作用机理未知的开放系统，因而其应用范围早已不再囿于数学界，而是广泛渗透于各个领域，尤其是物理、化学、力学、社会科学、生物学等领域，为研究各系统突变情况提供了有效的理论支持。但是，却鲜少有学者将突变理论应用到社会风险评估和预警中。

2.2.4.2 突变理论与社会风险预警

近年来，我们所研究的系统和对象随着科技的快速发展其复杂程度也在逐渐增加，由此，判断系统内部以及系统各要素之间的作用机制的难度越来越大，准确性也越来越差。而突变理论作为非线性系统科学研究中一个非常实用的分析工具，此时就突显了它的优势。在社会学领域，突变理论的产生，可以说是数学向社会学的"开放"，它为审视社会风险与公共危机提供了一种新的视角，对于揭示社会风险与公共危机的本质特征、预测社会风险具有重要的借鉴价值。

社会安全是社会稳定和发展的根本前提。一个社会只有维持其安全和稳定，才会有进一步的发展，人民才能过上更加幸福的生活。根据突变理论，社会安全和稳定是一种相对的安全和稳定，并不是指社会停滞不前、稳而不动，而是各社会结构和功能之间相互协调发展，维持一个良好的状态，这才是安全和稳定的社会，才是社会和谐发展的最佳状态[56]。社会系统是由多领域组成的复杂非线性巨系统，它涉及社会保障、社会治安、民族宗教、干群关系、廉政建设、收入分配、征地拆迁等多个局部领域的矛盾和冲突[57]。社会稳定风险系统与突变理论具有共同的本质特征，即冲突的不确定性（或称为不可计算性）。社会稳定风险的爆发（即群体性突发事件），是这个复杂巨系统中各种局部风险积聚到一定程度并突破一定阈值后产生的多米诺骨牌效应，是一个系统的突变过程，用突变理论对其进行解释符合其发生的特点和规律。突变理论告诉我们，要想防止社会系统出现波动，必须要建立健全社会风险预警机制，推行超前预防、源头治理、关口前移、风险预控，尽量消除社会的不安全因素，把公共危机发生的可能性降到最低、最小，只有这样，才能防范未来的社会稳定风险和即将出现的公共危机。

2.3　本章小结

本章详细介绍了环境敏感性重大工程社会安全风险的概念和本书研究的基本理论基础。首先，通过对社会稳定风险和社会安全内涵的概念和特征的研究，确定本书所研究的环境敏感性重大工程社会安全风险的基本内涵，并对环境敏感性重大工程社会安全风险爆发的集中表现——风险型环境群体性事件的内涵进行了进一步的阐述。其次，基于风险社会理论、风险感知理论、公共危机管理理论和突变理论四个方面，分析探讨其在环境群体性事件风险防控中的应用，并重点探讨了突变理论在社会风险评估和预警中的适用性，为环境敏感性重大工程社会安全风险和社会稳定风险机理分析及综合治理策略的制定奠定了理论基础。

第 3 章

重大工程社会稳定风险影响因素辨识

本章运用文献研究、案例分析和逻辑推理的方法，对近年来我国发生的多起环境群体性突发事件进行梳理，辨识其主要影响因素，建立环境群体性突发事件的事故致因理论模型，并运用 DEMATEL-ISM 集成方法对关键影响因素相互间的关系进行分析，为环境敏感性重大工程社会稳定风险的机理分析和情景推演提供基础和依据。

3.1 环境群体性突发事件主要特征

3.1.1 典型案例梳理

近年来环境群体性突发事件呈多发、频发态势，按照发生的时间序列，本书收集整理了 2007 年至 2016 年共 20 起典型的由环境敏感性重大工程引致的环境群体性事件，并对事件发生时间、规模、起因、事件描述、最终结果进行系统梳理分析，见表 3-1。

表 3-1 2007—2016 年典型环境群体性事件

序号	时间	事件名称	事件规模	事件起因	事件描述	最终结果
1	2007-05	乳山反核事件	2 000 人	拟建核电站项目	由于担心核电站建设会给环境带来污染以及购房前被隐瞒核电站建设计划感觉被蒙骗，银滩的民众进行了包括呼吁本地群众反对核电站建设的宣传、网上公开征集签名、上访等规模的抵制活动	项目搁浅

表 3-1(续)

序号	时间	事件名称	事件规模	事件起因	事件描述	最终结果
2	2007-05—2007-12	厦门 PX 项目事件	5 万余人	拟上马 PX 项目	由于项目覆盖距离内人员密集以及地形特殊，担心危及人员、保护区、国家风景区的安全性，网络舆论持续发酵，几万名市民通过上访、游行、“散步”等行为来抵制该项目的建立	项目取消，重新选址
3	2008-01	上海沪杭磁悬浮工程事件	数万人	拟建沪杭磁悬浮上海段工程	沿线居民担心磁悬浮对身体带来的危害，数万民众在上海人民广场进行游行	项目搁置，重新研究
4	2009-10	广州番禺垃圾焚烧厂事件	数百人	拟建生活垃圾焚烧发电厂	市民在大石街会江村附近聚集抗议兴建垃圾焚烧项目	项目关停
5	2009-10	吴江垃圾焚烧发电项目事件	数千人	拟建垃圾焚烧厂项目	数千当地居民聚集抵制吴江垃圾焚烧发电厂点火，封堵国道	项目停建
6	2011-08	大连 PX 项目事件	数万人	已建 PX 项目存在环境污染风险	因民众恐慌台风损毁福佳大化 PX 工厂堤坝后 PX 罐泄漏，对 PX 项目进行抗议活动，数万人参与示威，政府作出立即停产并搬迁的决定	项目停产并搬迁
7	2011-12	广东汕头海门镇抗议华电项目事件	数百人至数万人不等	拟建发电厂	由于担心华电发电项目对环境造成污染，海门镇数万名村民走出家门，抗议当地政府增建煤电厂，之后数百人聚集在深汕公路海门镇入口继续聚集示威，周围约两千名民众聚集，造成交通一度堵塞	项目暂停
8	2012-07	江苏启东王子排污事件	数万人	拟建污水排海工程	由于政府对日本王子制纸排海工程项目的批准，触发了数万民众举行示威，出现暴力行为，警方未采取强制性措施，后政府决定永远取消该工程项目	项目取消

表 3-1(续)

序号	时间	事件名称	事件规模	事件起因	事件描述	最终结果
9	2012-07	四川什邡钼铜项目事件	近千人	拟建钼铜项目	因担心水质受到严重威胁,近千名市民聚集到市政府要求停止建设钼铜项目,民众与维和武警发生冲突,冲突过程中包括群众、执勤民警以及工作人员在内的多名人员受伤	项目停工
10	2012-10	宁波 PX 项目事件	上千人	拟上马 PX 项目	民众因镇海炼化一体化项目拆迁集体上访,后发展为大规模封路抗议 PX 项目,警方使用催泪瓦斯清场,后政府承诺不再建设 PX 项目,并停止推进整个项目	项目停止推进
11	2013-05	昆明 PX 项目事件	数千人	拟上马 PX 项目	因担心废气排入主城,昆明民众文明站立,戴画“PX”口罩,不争执、不堵路,文明抵制安宁炼油厂项目,政府最后决定不上马该项目	项目暂停
12	2014-03	茂名 PX 项目事件	上千人	拟上马 PX 项目	群众为表达对 PX 项目的关切,在市委门前聚集,并在个别路段慢行,但现场小部分闹事者借机肆意破坏市区的公共设施,公安机关出动控制局面	项目暂停
13	2015-04	广东河源电厂事件	数百人	拟建电厂二期工程	担心河源电厂二期工程影响市区空气质量,数百名民众在河源市区部分路段聚集抵制	政府承诺重新评估项目风险
14	2014-05	余杭中泰垃圾焚烧发电厂事件	几万人	拟建中泰垃圾焚烧发电厂项目	担心垃圾焚烧发电厂污染周边环境和影响周边居民身体健康,当地民众堵截省道和高速公路进行抗议,部分民众和警察发生冲突,有人受伤	政府作出环保承诺
15	2014-09	广东博罗垃圾焚烧发电厂事件	1 000 多人	拟建垃圾焚烧发电厂	博罗县 1 000 多名群众自发在县城文化广场聚集、上街表达诉求,表达对项目选址的疑虑	官方作出澄清和承诺

表 3-1(续)

序号	时间	事件名称	事件规模	事件起因	事件描述	最终结果
16	2015-01	深圳龙岗垃圾焚烧处理厂事件	数千人	拟建大型垃圾焚烧厂	深圳市数千市民打出“坚决反对垃圾厂建在龙岗上坑塘，要健康不要癌症！”等标语，在深圳市民中心集会抗议，集会被大批警察强行驱散，多人被抓捕	重新选址
17	2015-06	上海金山 PX 项目事件	数千人	传言拟上马 PX 项目	由于担心政府用“炼化一体”偷换“PX”概念上马项目，数千名居民在政府大门口静坐示威、上街游行，抗议政府推广 PX 项目	PX 项目未施行
18	2016-06	潜江游行抗议建农药厂事件	上万人	拟建农药厂	上万名潜江市民唱着国歌、喊着口号，冒雨游行，最后在市政府门前集合，抗议当地政府兴建农药厂	政府停止引进该农药厂项目
19	2016-08	江苏连云港“反核废料”事件	上万人	拟建核废料循环处理厂	上万名连云港市民走上街头游行，反对该项目的建设	政府暂停该项目选址工作
20	2009-12	深圳白鸽湖垃圾焚烧处理厂项目事件	300 余人	拟对现有设备进行整改更换	由于担心白鸽湖在建项目会在原有两个垃圾焚烧处理厂的基础上带来更大的污染与伤害，居民反对本项目建设，结果由回应的搬迁又改为复工，居民难以接受，发生了本次 300 余人的游行活动。300 余名群众步行到施工现场及周边抗议，并有部分群众围观，造成当地交通拥堵	政府作出承诺，要按同行业最高标准进行改造

资料来源：作者根据网上相关资料整理。

在对 20 起典型环境群体性事件概况收集整理的基础上，本书根据权威网站和相关媒体对事件的报道，详细梳理了这些典型环境群体性事件发生、发展的全过程以及事件最终结果。可以看出，这类典型的由环境敏感性重大工程引发的群体性突发事件虽然属于环境群体性事件的一个子类目，但是与由环境污染导致的群体暴力抗争相比，由环境敏感性重大工程引发的群体性突发事件有其独有的特征，只有掌握了其独有的特征，才能为后续的关键影响因素辨识提供基础。

3.1.2 环境群体性突发事件特征分析

根据表3-1对近年来环境群体性突发事件案例的收集和梳理，可以看出，与传统类别的群体性突发事件相比，由环境敏感性重大工程引致的群体性突发事件具有以下独有特征。

(1) 诱因为对风险的强烈感知。

通过对近年来爆发的典型环境群体性突发事件成因的梳理，可以发现，这类群体性突发事件的诱因往往并不是直接利益受损，而是公众对于这类工程项目带来的未来风险的感知和忧惧，这可以说是这类环境群体性突发事件最根本的特征[58]。如在厦门PX项目事件中，该PX项目还没开始动工，所以还谈不上是否直接损害了民众的利益，但是公众认为该项目未来存在某种巨大风险，且风险后果非常严重，虽然政府回应海沧PX项目经过了原国家环保总局组织的多次论证评估，有关方面也对项目合法性做了权威解读，但这无法打消市民对PX项目建成后的污染问题的担忧，他们甚至还建立了自己的风险评估体系和风险评估报告，正是对项目未来风险的强烈感知和主观建构才导致了现实中群体性事件的爆发。在四川什邡钼铜项目事件中，部分市民自身风险意识较强，率先提出反对，他们的宣传和呼吁带来了“涟漪效应”，使钼铜加工项目的危害在当地民众之间迅速传播，最终导致各方力量的大规模集结。因此，风险型群体性突发事件可以说是由公众对项目带来的潜在风险的强烈感知和建构所造成的，这是其能够形成的根本驱动因素。

(2) 参与人数众多。

传统型群体性事件的爆发源头是某些群体的直接利益受损，主要参与者是利益相关者，旁观者一般只是抱着好奇的心态去观望，所以参与人数一般都比较有限。而环境敏感性工程项目所带来的环境污染风险受众是该地区内几乎所有的民众，所以由环境敏感性工程引发的群体性事件的参与人数众多，身份多样，来自社会多个阶层和领域。如在厦门PX项目事件和大连PX项目事件中，参与者来自各行各业，而且，由于风险传播的“涟漪效应”，事发过程中一度出现参与人数不断增加的趋势。

(3) 权利诉求的多元化。

虽然重大工程中的环境敏感性工程项目所引发的环境群体性事件起源

于潜在的环境风险或环境污染，但是在每一个事件的背后却蕴含着公众的不同的利益动机和权利诉求。认真梳理四川什邡钼铜项目事件、江苏启东王子排污事件和宁波 PX 项目事件三起典型的风险型群体性事件，就会发现，这些事件背后都充斥着多元的利益动机和权利诉求，如民众健康问题、公众征地拆迁及补偿问题、本地企业与外来大企业竞争问题、政府官员政绩问题、渔业受损问题等等。例如，四川什邡钼铜项目事件中，该钼铜项目原本是灾后重建项目，但一旦该大企业进驻，本地的许多小企业势必就要遭受冲击；在江苏启东，王子纸业的排海工程一旦上马，势必会影响当地房地产的价值，外地官员与本地官员在项目建设上也存在利益分歧，甚至不少公务员也参与了游行抗议，背后复杂的利益纠葛使得事件变得扑朔迷离；在宁波 PX 项目事件中，虽然当地民众被普遍认为是这次环境维权事件的主力，但民众的真实利益诉求并不完全在此，真实原因是很多当地村民希望被纳入该石化项目征地范围才参与行动的。

（4）事件爆发的可预见性。

传统型群体性事件通常是社会矛盾积聚到一定程度，再通过偶然扰动因素引发的，其爆发具有明显的不可预见性。环境敏感性重大工程所引发的环境群体性事件的冲突焦点是工程项目潜在的环境风险，人们担心的是这种环境风险的不确定性，即该环境风险有一天会变为现实，污染周围环境，影响民众的身体健康，这种对项目潜在环境风险的担忧和恐惧属于风险感知，人们对风险的感知阶段是环境敏感性工程项目引致群体性事件爆发之前的潜伏期。在这个潜伏阶段，当公众意识到这种风险后，会通过各种渠道来表达对项目风险的担忧，随着网络技术的发展和网络平台的多样化，这种担忧会很快在网络上得到迅速传播，并在群体之间迅速达成共识，主要表现就是网络上公众开始呼吁和策划相关的抗议活动。如在厦门 PX 项目事件中，在项目正式动工之前，就有“环保志愿者联盟”试图进行阻止，2007 年 3 月经过政协委员提案后，更是引起了公众的广泛关注和担忧，当地民众开始在各社交媒体平台上广泛传播 PX 项目的危害，并呼吁广大民众进行相关的抗议和抵制活动。在四川什邡钼铜项目事件中，其实早在 2012 年 4 月，网络上就盛传一些有关钼铜项目污染环境的文章，6 月就有“把钼铜项目赶出什邡”的消息在当地民众之间大肆传播，直至 7 月该群体性事件爆发。这些群体性事件爆发前的警兆其实都是可以被有关决策者和管理者识别并有效处置的，如果及时进行社会稳定风险的评估、风险沟通和风险预警预控，这些群体性突发事件在很大程度上是可以避免的。环境敏感性工程项目所引发的群体性事件的可预见性为我们进行环境敏感性工程项目社会稳定风险评估和预警提供了现实的可能性基础。

3.2 环境群体性突发事件致因剖析

我国著名安全生产专家罗云认为：无论生产安全还是公共安全，都需要从传统的迫于教训的和依据法律法规的安全方法论，向科学的基于规律的安全方法论转变，这才是构建我国公共安全体系的根本出路[59]。针对公共安全领域的任何一个问题的致因因素的分析，都可以从人的因素、物或技术的因素、环境因素、管理因素入手，即事故致因理论的“4M”要素来进行分析，还要建立宏观的“战略-系统思想”，宏观和微观相结合，才能解决根本性、全局性、普遍性的公共安全问题。在此理论思想指导下，本书从“4M”要素入手来分析环境敏感性重大工程所引发的环境群体性事件，如图 3-1 所示。

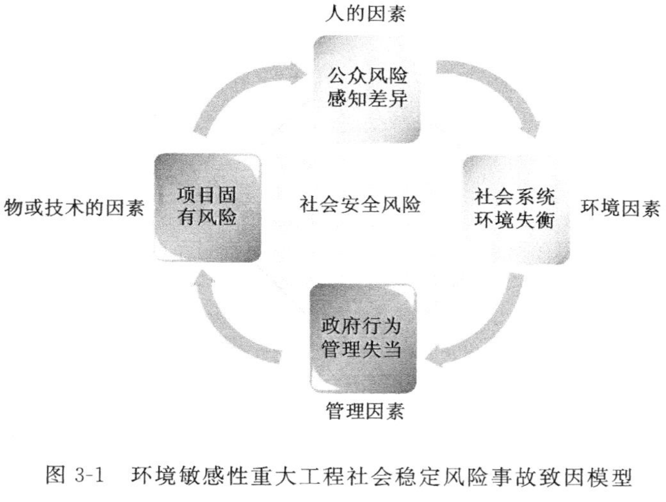

图 3-1　环境敏感性重大工程社会稳定风险事故致因模型

3.2.1 人的因素——公众风险感知差异

根据上文中对风险内涵的定义，风险具有客观存在性和主观感知性。

现代社会的很多风险冲突其实都源于不同主体对客观存在风险的主观感知的差异性，以及由此导致的“过度反应”的抗争行为[60]。我国近年来爆发的多起风险型环境群体性突发事件其实也是公众基于个体风险感知背景下的理性选择和本能反应的结果。因此，本书根据事故致因理论将公众风险感知差异界定为“人的因素”。根据对环境群体性事件的定义，群体性事件的主体成分，即参与者属于人的因素。环境敏感性重大工程项目之所以会引起群体性事件，正是源于公众对此类工程项目潜在的环境污染以及对自身健康影响的风险感知。如在厦门PX项目事件中，该项目环评手续齐备，技术可行，可促进当地经济发展，但是因当地公众对PX项目的巨大风险和危险的忧惧，极力反对该项目上马，最后该项目不得不改迁。又如广州番禺垃圾焚烧厂事件，该项目环评手续齐备，可解决当地垃圾问题，也因公众反对而关停。事实上，正是风险感知的强烈的主观性和非逻辑思维性特征，造成了在环境敏感性重大工程项目的风险感知方面，公众的风险感知与政府及专家的感知存在很大的差异，这种差异性也正是风险型环境群体性事件爆发的重要根源[61]。从厦门PX项目，到大连、宁波、昆明PX项目，再到茂名PX项目，近几年国内绝大部分PX项目都在公众的抗议声中取消或停建，正是公众对PX项目的“妖魔化”感知和判断导致了PX项目面临无处落地的尴尬境况[62]。在环境敏感性重大工程的建设方面，公众对项目的风险感知和政府对项目的风险感知出现差异的具体表现是：对政府层面而言，项目风险可控，是个“好项目”；而对民众而言，项目存在环境污染风险，是个“坏项目”。风险感知差异呈现明显的“双重关注模型”。如图3-2所示，当地政府对PX项目风险感知很低，而民众对PX项目的风险感知则很高，双方风险感知差异落入D分布点。

风险感知是个体建立在客观事实风险和个体主观建构风险之上的心理状态层面的研究，受到多方面因素的影响，具有较大的复杂性和主观性，这也是造成人们面对风险时差异性表现的主要原因。由于风险感知的复杂性，所以，目前的相关研究中还没有普适性的理论和方法。对于公众风险感知的主要影响因素方面，不同学者专家也是意见各异。在诸多理论模型的基础上，如何科学地构建适合本书研究对象的公众风险感知影响因素模型是本书面临的一大难题。在对国内外文献有关风险感知影响因素进行归纳梳理的基础上，借鉴有关学者已有的研究成果，结合本书的研究对象的特征

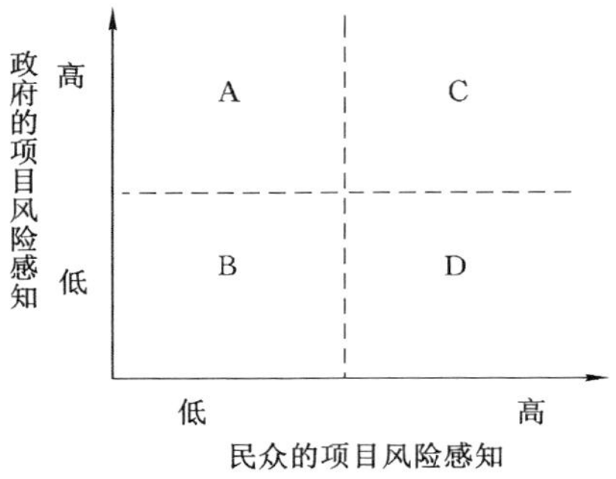

图 3-2　风险感知差异的“双重关注模型”

和我国的具体国情，发现环境敏感性工程项目社会公众风险感知的主要影响因素有以下几个方面。

(1) 项目风险特征。

公众对不同类型的风险对象的危害判断和风险感知评估是有差异的。根据 2003—2014 年我国发生的 150 起重大环境群体性事件的分析，发现不同类型的议题项目发生群体性事件态势差异很大，如图 3-3 所示。

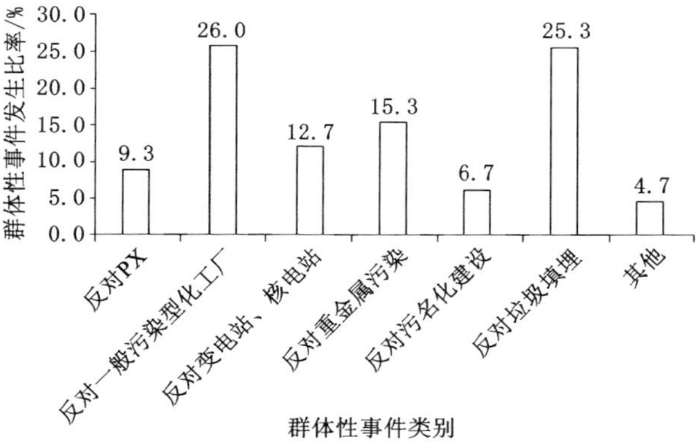

图 3-3　2003—2014 年我国引发环境群体性事件项目类型分布

由图 3-3 可以看出，化工厂项目引发的环境群体性事件数量最多，其次是垃圾填埋、重金属污染以及变电站、核电站等项目。化工厂、垃圾焚烧厂等属于环境污染风险相对比较高的工程设施，公众认为此类工程设施的兴建会对自身的健康和生命造成严重损害，所以容易引发抗争。PX 项目以及大型变电站、核电站、加油站等重大工程项目属于“风险积聚类”项目，此类工程项目危害的隐蔽性较强，但是一旦发生安全生产事故，必然会对周围民众造成巨大的人身伤亡和财产损失[63]。

(2) 熟悉程度。

熟悉程度即人们对风险对象和事件的了解程度。人们对风险对象和事件越熟悉，了解的相关信息就越多，对规避风险的知识储备也就越多，对风险对象和事件带来的不确定危害的担忧也就越小。未知性作为一个极其重要的风险特征，对公众的风险感知有着显著的影响。近年来，诸多学者对个体对风险对象和事件的熟悉程度与风险感知之间的关系进行了理论分析和实证研究，结果证实，公众对风险对象和事件的熟悉程度越高、了解得越充分，对风险具有可控性的认知就会越高，风险感知水平就会越低[64]。因此，借鉴已有研究成果，本书也认为公众对项目的熟悉程度与公众的风险感知水平呈现负相关关系，即公众对项目的相关情况了解得越多、熟悉程度越高，其风险感知水平相应就越低。现实生活中，由于公众一般缺乏对化工、核能等相关知识的足够了解，加上媒体和舆论对该类污染事件的大肆报道，很容易引发公众对项目在未来造成污染的可能性的担忧和焦虑情绪，成为引致环境群体性突发事件的心理动力机制。

公众对敏感工程项目的熟悉程度，一方面和公众掌握的风险知识有关，其对相关风险知识掌握得越详细，熟悉程度就越高；另一方面也和政府部门的宣传沟通有关系，政府对敏感工程项目的广泛宣传和普及也有利于增加公众对项目风险信息的了解，加深熟悉程度，消除公众对未知风险的盲目猜测和无限恐惧。

(3) 媒体舆论传播。

据第40次《中国互联网络发展状况统计报告》，截至2017年6月，我国网民规模已经高达7.51亿。互联网普及率为54.3%，较2016年年底提升1.1个百分点，如图3-4所示。其中，手机网民规模达7.24亿，较2016年年底增加2 830万人。网民使用手机上网的比例由2016年年底的95.1%提升至96.3%。不难看出，科技革命正悄然改变着我国民众的生活与生产方式，尤其是随着通信技术的飞速发展和新媒体的强势崛起，以电视、广播、报纸这三大媒体为主的传统舆论格局状态已经遭到彻底颠覆，现代社会已经进入自媒体时代，每个人都可以成为网络舆论的制造者和传播者，我国的舆论格局正在呈现官方舆论场和民间舆论场双峰并起

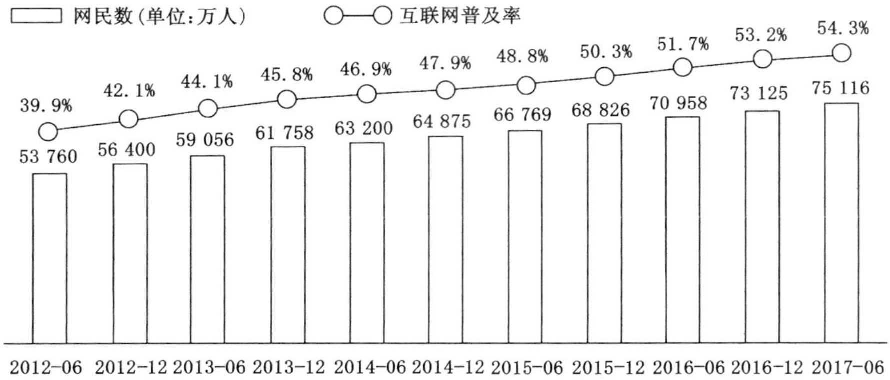

图 3-4　2012—2017 年中国网民规模和互联网普及率

的局面。目前我国官方舆论场基本是由以党报为核心的官方媒体构成，而民间舆论场则主要由无线移动网络环境下普通民众生成和传播公民舆论的网络舆论空间构成[65]。公众风险感知放大的根源除了其本身的社会体验外，还有相当一部分来自他人或舆论传播。而舆论，尤其是目前的网络舆论，具有很强的自发性和盲目性，包含许多非理智成分甚至虚假谣言，如果相关部门不能及时出面给予澄清，就存在着引发群体性突发事件的可能性[63]。如 2012 年四川什邡市爆发的抗议钼铜项目群体性突发事件，其中一个关键的原因就在于政府没有重视对网络民意诉求和谣言传播的舆论引导。早在 2012 年 6 月 29 日该项目开工典礼前，有关钼铜项目会污染当地环境的质疑和流言已经开始在网上和民间大肆传播，“把钼铜项目赶出什邡”等一些过激言论就已经通过百度贴吧、腾讯微博、新浪微博和校内网在当地民众中广泛传播，但当地政府部门并未加以关注，而是处于听之任之的不作为状态。2014 年广东茂名 PX 项目事件发生当天，网络上各种传言不绝于耳，茂名市民被各种不实信息困扰，一度引发大规模的恐慌性舆论围观，亟须政府相关职能部门进行澄清和舆论引导，但当地政府一直采取消极、回避的态度，不仅不出面及时辟谣，反而采取删帖、封锁微博等手段试图封闭信息，阻止市民进行意见交流，这种简单粗暴的处理方式加速了群体性事件向恶性方向发展，最终，广东茂名 PX 项目以群体性事件倒逼政府妥协的结尾收场。

随着我国民众的公民意识慢慢觉醒，尤其是如今便捷的网络舆情发布、传播和交互模式点燃了公众参与舆论监督的热情，重大工程项目的舆情风险有了更为广泛的形成基础。而社会意见表达网络化、传播路径呈裂变式扩散使得政府部门面对的舆论监督压力空前增大。面对重大工程建设项目的诸多问题，部分民众和网友在捍卫社会公平正义和正当利益的同时，也容易被一些别有用心的极端分子欺骗和利用，使得一些虚假信息和谣言充斥网络，如果相关部门舆论引导不当，这些极具煽动性的言论就很可能产生“蝴蝶效应”，进一步增大重大工程项目风险，引发群体性事件。

3.2.2　物或技术的因素——项目固有风险

风险型环境群体性事件是民众出于对敏感工程项目潜在的环境污染或者负外部性的不确定风险，经过自身的风险感知和风险建构而产生担忧和恐慌，最终才由环境风险演变为群体性事件的“突变现象”。而导致民众感知风险的来源就是工程项目本身的固有风险。由敏感性工程项目自身的固有风险属性而导致的潜在环境问题可以说是风险型环境群体性事件的“燃烧物质”，这些风险主要包括以下几种。

（1）项目潜在污染风险。

许多环境敏感性工程项目本身就属于高污染、高风险的“双高”项目，具有潜在的环境污染风险，这类项目的建设很容易使当地民众产生“邻避心理”，激起当地民众强烈的抵触情绪。目前我国风险型环境群体性事件主要集中在化工项目和城市基础设施项目上，就是由于这些环境敏感性项目自身存在着原料和能源消耗大、运输量大、污染严重等问题，其建设很可能对当地原有的生态环境造成很大的破坏，从而造成居民的不满情绪，引发民众抗议，情节严重的可能引发群体性突发事件。重大工程项目在生态环境方面的风险因素有环境噪声、辐射风险、粉尘污染、水质污染、空气污染、地质破坏、水土流失等。

（2）技术安全风险。

虽然很多大型工程项目的安全监控等级很高，但是由于其是一个复杂的巨系统，任何一个环节的失效或漏洞都可以引发事故的“多米诺骨牌效应”，从而造成严重的安全事故，对周边民众造成严重的人身和财产损失。比如近年来化工领域环境群体性事故高发的原因是：一方面，化工项目建设和化工产品生产过程中都存在着巨大的环境风险，而且这种大型工程或项目发生安全生产事故的风险较高，一旦发生事故，后果将不堪设想；另一方面，我国化工行业的安全生产基础相对薄弱、安全生产经费投入不足、安全生产责任制落实不到位等。我国目前处于安全生产事故高发的阶段，很多基础设施和项目由于安全管理机构不完备、安全生产意识淡薄、隐患排查不足、安全管理水平低下等，为安全事故的发生埋下了隐患，也为风险型环境群体性事件的爆发埋下了“燃烧物质”。

（3）经济利益风险。

经济学中对“经济人”的假设为：“任何主体在活动中所追求的唯一目标是自身经济利益的最大化”。所以，经济因素被认为是几乎所有重大工程社会矛盾以及社会稳定风险事件发生的根本原因，也是社会稳定风险的首要影响因素[41]。重大工程项目的经济利益风险主要表现在三个方面：一方面是对当地民众的收入变化的影响。收入的变化对社会稳定的影响是显而易见的。重大工程项目的建设必然会对当地原有的生产生活产生重要影响，包括对收入、就业、当地的商业经营以及项目周边土地及房屋价格的影响，在刨除生活成本等因素的情况下，收入的变化是人们考虑自身经济状态变化的首要标准。另一方面是重大工程项目的相关补偿政策。补偿政策或标准没有达到国家规定的要求或是未满足当地民众的需求，也会带来影响社会安全的风险事件。此外，环境敏感性重大工程带来损失与收益的不公平感也是影响公众对项目接受程度的重要原因之一，如在王子造纸排污事件中，当地民众认为项目收入属于南通市政府，项目污染却要本地居民承受，由此产生了强烈的“损失-收益”的不公平感和抵触心理。在众多 PX 项目事件中，根据报道，当地民众表示虽然认同项目的战略利益和 GDP 产出效益，但他们同时也表示不太明白这些利益与自身利益到底有何关系，而这些项目产生的环境污染后果却要由自己及子孙后代来承担，也存在着强烈的“损失-收益”的不公平感[66]。

3.2.3 管理因素——政府行为管理失当

通过对近年来我国发生的几起典型风险型环境群体性事件的分析，认为环境敏感性重大工程建设引发环境群体性事件的管理因素主要有以下几个方面。

（1）公众参与不足。

虽然我国现有的重大项目的环境评估机制要求首先做到保证群众的知情权和参与权，但由于我国长期以来实行的是政府主导的“自上而下”的管理模式，尽管重大事项和重大决策也会通过听证会等方式来了解社情民意，但往往存在走过场现象，有时流于形式，对参加听证会的代表民众的选取也没有做到公正透明，公众大多数情况下并不能参与环评，无法表达自身意见和诉求。公众对于环境决策参与度低，造成一些项目开始建设后公众才知情，损害了公众的环境知情权，使公众产生相对剥夺感，易引发公众与政府之间的矛盾[38]。例如在上海沪杭磁悬浮工程事件中，上海环境热线网站虽然公布了磁悬浮项目环境影响评价公示和环境影响报告书，然而沿线小区居民对此并不认可，开始上访和游行。此案例说明项目准建前，公众并未充分参与。四川什邡钼铜项目事件、江苏启东王子排污事件以及宁波 PX 项目事件等爆发的一个共同原因，就是环评过程中公众参与不足。公众参与不足，公众的知情权、表达权、博弈权无法真正得到保障和满足时，非制度化和抗议表达自然也就成了广大公众的选择，原先的环境风险就演化成了社会风险。

公众参与是环境敏感性项目环评过程中必不可少的关键环节，它对于增强环评的有效性具有重要意义。2006 年，原国家环保总局正式发布了《环境影响评价公众参与暂行办法》，更为明确地规定了公众参与环评的范围、程序、组织、形式等内容，在《中华人民共和国环境影响评价法》的基础上，进一步完善了我国环境决策中的公众参与制度，但是也存在一定的缺陷和不足。而现实中环评程序中公众参与的缺失和不足正是导致环境风险演变成社会风险的根本原因[67]。为此，我国于 2018 年颁布了《环境影响评价公众参与办法》，进一步规范环境影响评价公众参与，保障公众环境保护知情权、参与权、表达权和监督权。

(2) 信息公开不足。

政府信息公开是指政府相关部门通过电视、报刊、政府网络或召开公开说明会或听证会等多种方式向公众公开环境敏感性重大工程的环评情况及相关方面的信息，保障公众的环境知情权。一项关于环境群体性事件中政府应对措施的民意调查结果表明，多数公众认为，政府有必要在环境污染事件或环境群体性事件处置的各个阶段坦诚回应事件相关问题并进行说明。而政府及时有效地公开事件相关信息能够使公众了解事态发展，避免因信息不对称引发公众与政府的矛盾。例如在浙江新昌制药厂污染事件中，政府在制药厂内开展危化品处置行动却并未对公众进行说明，致使部分公众误以为停产的制药厂重新恢复生产，开始不断冲击危化品处置现场。

(3) 民意诉求表达不畅。

在前面的研究背景中已经论述过，随着近年来公众环保意识的增强，当环境保护与经济利益发生冲突时，大部分公众会选择环境保护而非短期的经济利益。目前我国政治体制中设置了多种渠道来满足公众利益表达的需求，比如听证制度、信访制度等，但是这些利益表达渠道在公众实际运用过程中还存在一些问题，尤其是对弱势群体来说，实施起来还存在一定的难度。当一些民众通过合理合法的渠道表达其利益诉求无法得到满足时，就会激发他们的不满，这时他们就可能会选择转向制度外的渠道来发泄不满和维护自身利益，于是就有可能爆发一系列群体性突发事件[68]。

在风险型环境群体性事件潜伏酝酿阶段，民众往往经历了上访等理性表达自身利益诉求的过程，但是长期的诉求若未引起地方政府的足够重视，便会导致矛盾越积越深。因此，公众利益表达机制的不健全，是引发环境群体性事件的管理方面的一大诱因。比如，在四川什邡钼铜项目事件中，在事件最终爆发之前，当地民众其实已经屡次向当地村委会、环保组织以及有关政府部门表达过他们对该项目的担忧和看法，但是民众通过这些正常的利益表达渠道并没有获得满意的结果，于是更加剧了他们对该项目的恐慌和对政府的不信任，在一些综合因素的影响下，最终导致了群体性事件的爆发。同样，在江苏启东王子排污事件中，启东民众当初也曾试图通过合法的常规化手段，如信访、给环保部门写信等来表达其相关利益诉求。然而，针对启东民众的合理利益诉求，相关政府部门并没有给予相应的回应[66]，在相关进度的公开方面做得也不够，导致启东民众很少甚至完全不了解相关情况，最终不得不采用发动大规模群体性事件的方式来表达他们对该工程项目的不满。

(4) 风险沟通不当。

在环境敏感性重大工程引发的风险型环境群体性事件中，冲突的焦点是潜在的环境风险，冲突各方的矛盾和纠纷集中在潜在环境风险的高低、可接受性以及风险是否可控等问题上。根据前文中对风险概念和内涵的阐述，风险是“损失(损害)发生的可能性”，环境风险也是工程项目在将来造成环境污染、生态破坏、危害公众生命和健康安全的可能性，这种可能性具有不确定性，即有可能发生，也有可能不发生[68]。而在对工程项目引发的环境风险的可能性、严重性的判断上，公众对环境风险的判断与政府及专家的判断是有差异的，公众对风险的认知和判断往往是通过直觉，专家对风险的认知一般是通过相关数据，所以相比专家，公众往往会产生较高的风险感知水平。前文中已经阐述过，这种风险感知的差异正是风险型群体性事件发生的心理基础。如在江苏启东王子排污事件爆发之前，南通市政府对南通排海工程项目环境影响进行了风险评价。据有关资料显示，早在 2002 年，河海大学相关研究人员受南通市政府委托着手编制《南通市工业达标水排海工程项目预可行性研究报告》，并先后召开了多次研讨会对排放口附近的环境影响进行讨论和评价。江苏省、南京市及南通市相关职能部门在 2007 年也曾组织专家对该项目进行实地勘察检测和调研，并对所获得的相关数据进行分析和研讨，最后根据研讨结果还降低了原本设计的污水排量。可见南通市政府在前期对南通排海工程项目可能出现的环境风险确实也进行了科学评估，但由于缺乏完善的风险沟通机制，没有及时进行有效的风险沟通。当地民众根据自我风险感知和建构，再加上网络等相关媒体的舆论宣传，主观地认为只要是造纸企业，肯定会不可避免地污染周围环境，威胁周边居民的身体健康，所以才导致他们一致强烈抵制排污工程在当地的实施。加之当地很大一部分民众认为，王子造纸企业创造的税收收入属于南通市政府，但其带来的环境污染风险却要启东百姓来承担，这是不公平的，这种“风险-收益”不均衡在一定程度上加剧了政府与民众在风险感知方面的差异和冲突，最后导致事件爆发。

风险沟通早在 20 世纪 80 年代就被美国应用于环境风险管理领域，现在在西方国家早已成为制度化的一种风险管理的策略和方法。风险沟通的主要目的是取得各利益相关方在风险认识上的一致，从而消除冲突产生的心理基础。风险沟通的内容是风险，风险沟通的目的是避免风险转变成危机[69]。对于风险型环境群体性事件而言，如果能够有效地开展风险沟通工作，可以起到一定的预防和应对作用。首先，在群体性事件发生之前，如果地方政府能够及早与公众就将要兴建的工程项目的环境风险进行沟通，告知公众该工程项目的环境风险水平和防控措施，将有利于公众接受专家的评估意见、形成对风险的客观认知，从而避免公众与政府在环境风险认知上的冲突。当群体性事件发生时，如果能够开展有效的风险沟通工作，促使公众形成客观的风险认知，也有利于共识的达成和冲突的解决，从而早日平息事件。其次，通过风险沟通，公众可以获知更多有关环境风险的专业知识。同时，信息的公开透明也可有效制止谣言的发生和传播。而这些措施都有利于降低和消除公众的焦虑和担忧，从而有利于消除风险型环境群体性事件发生和发展的心理动力。

根据上文对风险型环境群体性事件特点的分析，政府进行风险沟通时必须遵循主动、及时、双向、平等和积极回应等原则。通过梳理近几年的典型案例发现，在风险型环境群体性事件发生前，当地政府虽然也开展了一些风险沟通工作，但由于没有完全掌握风险沟通的真正要领，导致风险沟通效果并不理想[50]。如在厦门 PX 项目事件中，该环境敏感性重大工程项目从进入公众视野，引起公众广泛关注，直到事件爆发，当地相关政府部门一直未将该项目的真实信息告知当地民众，更未及时进行风险沟通以消除公众内心疑虑和不安，这更加大了公众对该项目定会带来环境污染的风险感知。即使后来政府相关部门又针对 PX 项目通过多种方式进行正面宣传，但此时已经无济于事。

(5) 预警机制不健全。

根据前文中对社会稳定风险的分析，以及环境敏感性重大工程引发的环境群体性突发事件的特点归纳，可以得知，社会稳定风险具有可预见性和可控性，风险型环境群体性突发事件也具有明显的可预见性，如果在事件爆发前及时进行风险评估、沟通和预警预控，这些群体性突发事件其实是可以在很大程度上避免的。虽然目前我国学界开展了关于应急管理的研究热潮，国家应急管理部也于 2018 年 4 月 16 日成立，“应急管理”已经成为学界中广泛关注的焦点，我国各领域在实践中也逐渐建立了相应的应急预案，尤其是在重大自然灾害预警和救援方面取得了相对比较不错的应用成效，但是，总体上来说，我国目前的应急管理仍然停留在“重事后、轻事前”的管理思想和“重应急、轻预防”的管理模式阶段，尤其是在群体性突发事件的社会治理方面主要体现为事后被动应急处置、刚性维稳的机制和策略，还停留在“救火式”地应对各种频发的群体突发事件的阶段，各级政府还基本处于疲于应付的被动局面[70]。

由于风险型环境群体事件具有不确定性、潜伏性和可预见性，所以要求各级政府部门建立有效的风险预警预控机制来防范群体性事件的发生。但在现实中，正是由于我国政府部门不具备相应的风险预警意识和完善的风险预警机制，缺乏对风险型环境群体事件的源头控制和预防，才在很大程度上导致了事态的升级[50]。如没有在公众对环境问题产生不满时，收集事件相关信息，对事件发展态势进行预判，帮助政府选取合适的处置方式以缓解公众的不满情绪，减少环境群体性事件的发生[71]。例如在广州番禺垃圾焚烧厂事件中，公众对垃圾焚烧发电厂选址问题表示不满，于 2009 年 10 月 25 日发起签名抗议活动，而政府对事件发展态势并未进行准确的预判和控制，致使 11 月 23 日 300 余名公众到市城管委及信访局等地上访，扰乱社会秩序。

3.2.4　环境因素——社会系统环境失衡

根据前面章节中对风险型环境群体性突发事件社会危机转化机理和路径的分析，可得知，从环境风险到群体性突发事件再到社会公共危机的演化过程中，外部社会系统环境对其起着重要的影响和制约作用，它能够加速或延缓事件的扩散速度。根据事故致因理论，本书把它定义为敏感性重大工程社会稳定风险的“环境要素”。社会系统环境是一个复杂巨系统，包含诸多子系统。已有研究发现，社会系统环境中的社会信任环境系统和社会心理环境系统等子系统对环境风险的转化影响比较直接，可以说，正是社会环境系统中社会信任的丧失、社会心理的失调在很大程度上加剧了从环境风险到社会危机的转变速度[72]。

(1) 社会信任失范。

现代社会的风险是由社会系统功能分化所导致的系统复杂性剧增引起的，而信任则是将这种复杂的系统简化的有效形式。因此，在现代社会，社会信任这个文化层面的因素在一定意义上可以说是衡量一个民族、国家软实力的社会资本[73]。而信任是一个多元且复杂的概念，它来源于整个社会所要表达和传递的信息，是一种文化价值，社会信任缺失正是当前我国众多环境群体性事件产生的文化根源。已有研究表明，社会信任和公众的风险感知水平之间是显著的负相关关系，即公众的社会信任度越高，其风险感知水平就越低，进而影响公众的风险应对行为[74]。因此，面对敏感性重大工程潜在的环境风险，较高的社会信任在一定程度上可弥补公众的负面风险感知；反之，较低的社会信任或不信任则可能导致公众过度的风险应对行为，即便他们感知到的风险很小[75]。社会信任的失范，本身就是风险与危机滋生的重要基础。面对环境风险时，社会信任的失范导致在环境利益冲突中，不同利益相关者选择不同，有的甚至选择用非理性的行为来表达其利益诉求，加快了环境群体性突发事件的爆发速度。在从环境风险向社会公共危机转化的突变过程中，社会信任失范的主要表现就是对政府信任度的下降，对环评专家/机构的不信任和对项目相关运营方的不信任，以及对人际信任度的增强。对政府的信任主要包括对中央政府、地方政府、村（居）委会的信任；对环评专家/机构的信任主要包括对环境科学家、项目技术专家和相关环评机构的信任；对项目相关运营方的信任主要包括对项目涉事企业及其管理机构的信任[76]。近年来，从我国发生的环境群体性事件，尤其是污染型环境群体性事件，可以看出，民众对涉事企业的不信任由来已久，冲突发生时，当民众通过信访等制度内渠道寻求解决未果时，又降低了其对政府的信任度，而人际信任度的增强使得民众容易受群体情绪感染和网络力量动员，最终导致非理性冲突的发生[77]。在风险型环境群体性突发事件中，社会信任失范不但表现在对政府信任的下降和对项目运营方的不信任上，而且还表现出了对环评专家/机构的不信任，如在启东王子排污事件中，公众不相信王子造纸厂污水达到排放标准，反对专家增加排海口数量的意见，对相关专家同意这一项目通过的函审表示质疑，也不相信政府方面关于项目上马后无环境污染的说辞。

（2）社会心理失衡。

任何个人和群体的行为都基于一定的心理基础，只有充分了解行为主体的心理基础，才能够理解其行为并对其行为趋向做出合理判断。社会心理是由社会环境诱因引发并对公众的社会行为具有支配与导向作用的心理活动[78]。虽然环境群体性事件的发生是多方面因素综合作用的结果，但公众的社会心理失衡却是其最重要的一个心理根源和动因。在环境敏感性重大工程引致的环境风险到群体性社会危机的转化过程中，社会心理失衡主要表现为，由于环境敏感性重大工程的上马，公众出于对居住环境和自身健康的关注，对项目的环境污染风险产生深深的焦虑和恐惧。并且这种焦虑和恐惧情绪很容易在人群中感染和扩散，而谣言的传播更是导致了社会的焦虑和恐慌。当人们的心理焦虑和恐慌情绪累积达到一定程度就会引起心理失衡，当利益诉求表达渠道受阻，焦虑和恐慌情绪无处宣泄时，民众就会采取斗争策略从而引致群体性突发事件的爆发[79]。

3.3　重大工程社会稳定风险影响因素结构关系分析

3.3.1　影响因素确定及优化方法

理论学界运用如数学、统计学、管理学等自然学科和社会科学理论知识提出的风险识别方法有很多，具体来说重大工程社会稳定风险的影响因素的确定及优化方法主要包括以下几种：

（1）基于证据的方法。通过对历史经验进行判断，对客观的数据资料、案例材料等进行整理研究，确定重大工程社会稳定风险的影响因素。

（2）文献沉淀法。通过对相关领域专家学者研究成果的提炼、总结、归纳，确定重大工程社会稳定风险的影响因素。

（3）规范反馈法。依据国家的相关政策规范和各地出台的评估文件，包括法律、法规、规章和标准等，通过科学的筛选和比对，最终确定重大工程社会稳定风险的主要影响因素。

（4）专家调查法。通过建立专家团队，并借助结构化的提示或问题来征询专家团队成员的意见和建议，系统地确定、优选重大工程社会稳定风险的影响因素，其代表方法是德尔菲法、层次分析法。

（5）技术分析方法。这是一种利用技术手段分析指标的实际观测值，进而筛选关键影响因素的方法，常用的方法包括因子分析法、聚类分析法等。

3.3.2　影响因素辨识结果

根据上文运用“4M”要素法对环境敏感性工程项目引发群体性事件的成因剖析，环境敏感性工程项目的社会稳定风险受到来自人的因素、物或技术的因素、环境因素、管理因素 4 个层面，共 13 个方面的影响和制约，如表 3-2 所列。

表 3-2 归纳总结得到的主要影响因素表

符号	影响因素	符号	影响因素
A_1	项目风险特征	A_8	民意诉求
A_2	项目熟悉程度	A_9	信息公开
A_3	媒体舆论传播	A_{10}	风险沟通
A_4	潜在污染风险	A_{11}	预警机制
A_5	技术安全风险	A_{12}	社会信任
A_6	经济利益风险	A_{13}	社会心理
A_7	公众参与		

3.3.3 影响因素结构关系

3.3.3.1 解释结构模型介绍

社会稳定系统是一个开放的复杂巨系统，环境敏感项目社会风险受到多个社会子系统风险因素的影响，变量众多且相互之间关系复杂、结构模糊，为了在众多影响因素中寻求到关键因子，并识别出各个影响因素之间的关系，本书运用 DEMATEL-ISM 集成模型，以明确影响因素间的相互关系以及影响因素在系统中的结构关系，为后续指标体系的构建和风险管控体系的构建提供前提和支持。DEMATEL 称为决策实验室分析法，是进行因素分析和识别的一种有效方法和工具，其主要原理是根据图论理论来构造图的矩阵演算，并以此为中心来对系统内的复杂因素进行剖析。ISM 方法是一种系统工程分析方法。该方法将系统分为多个子系统，并利用计算机技术构建多级递阶结构，使复杂的系统转换为直观的具有结构关系的模型。利用 DEMATEL 和 ISM 原理和依据，可以把复杂的众多影响因素关系转换为良好的层次结构，建立环境敏感性工程项目社会稳定风险影响因素层次关系模型，模型具体实施步骤如图 3-5 所示。

3.3.3.2 影响因素解释结构模型

(1) 建立直接影响矩阵。

邀请多位行业专家对筛选出的 13 个关键影响因素间相互关系及影响程度进行判断，其中 0 代表无影响，1 代表影响较小，2 代表影响中等，3 代表影响强烈，并以矩阵方式表示各影响因素间的直接影响关系，得到风险型环

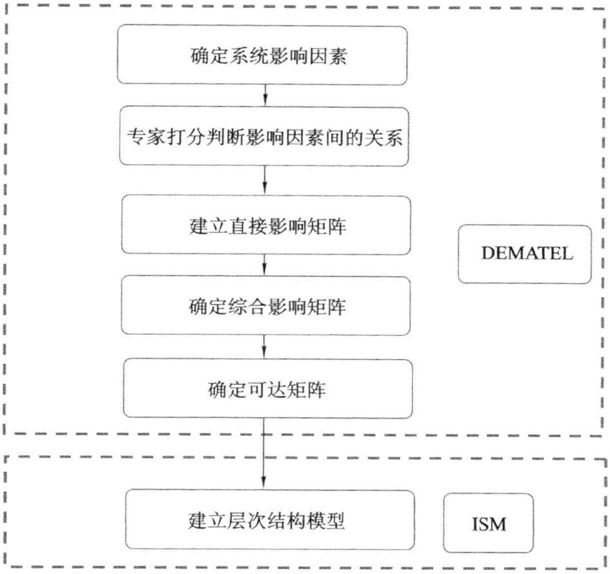

图 3-5　DEMATEL-ISM 模型计算步骤

境群体性事件影响因素的直接影响矩阵 **C**,见表 3-3。

表 3-3　风险型环境群体性事件影响因素直接影响矩阵 *C*

影响因素	A_1	A_2	A_3	A_4	A_5	A_6	A_7	A_8	A_9	A_{10}	A_{11}	A_{12}	A_{13}
A_1	0	2	2	3	1	3	1	2	2	1	2	3	1
A_2	3	1	3	2	0	2	0	1	0	2	0	1	0
A_3	0	0	2	2	1	0	1	1	2	1	0	1	2
A_4	1	2	0	0	1	1	0	2	0	2	1	2	0
A_5	2	1	3	2	0	1	2	2	0	1	1	0	2
A_6	3	0	2	3	1	0	3	3	1	1	1	1	3
A_7	1	0	0	2	1	1	1	0	2	2	0	1	1
A_8	3	1	3	2	0	0	2	0	2	2	2	1	0
A_9	1	1	0	2	0	0	1	2	0	2	1	2	2
A_{10}	2	3	1	2	1	0	0	3	2	0	2	0	1
A_{11}	2	2	0	1	0	0	2	2	2	1	0	2	2
A_{12}	2	2	2	0	1	0	3	2	1	2	1	2	1
A_{13}	1	1	3	0	1	1	0	0	0	3	1	0	2

（2）建立综合影响矩阵。

对直接影响矩阵 $\boldsymbol{C}$ 进行处理，得到风险型环境群体性事件影响因素规范化矩阵 $\boldsymbol{G}$，并由式(3-1)求得综合影响矩阵 $\boldsymbol{T}$，见表 3-4。

$$\boldsymbol{T}=\boldsymbol{G}(\boldsymbol{I}-\boldsymbol{G})^{-1} \tag{3-1}$$

式中，$\boldsymbol{I}$ 为单位矩阵。

表 3-4　风险型环境群体性事件影响因素综合影响矩阵 $\boldsymbol{T}$

影响因素	A_1	A_2	A_3	A_4	A_5	A_6	A_7	A_8	A_9	A_{10}	A_{11}	A_{12}	A_{13}
A_1	0.218 6	0.233 0	0.216 4	0.338 4	0.132 3	0.204 2	0.205 3	0.340 7	0.244 2	0.233 0	0.250 9	0.230 6	0.236 5
A_2	0.180 9	0.207 2	0.310 1	0.216 1	0.056 3	0.109 2	0.049 5	0.248 8	0.109 2	0.207 2	0.153 6	0.186 7	0.302 3
A_3	0.250 1	0.149 3	0.401 1	0.248 9	0.106 7	0.217 0	0.062 8	0.321 9	0.217 0	0.149 3	0.218 6	0.214 7	0.245 6
A_4	0.177 0	0.197 1	0.070 5	0.130 4	0.098 5	0.101 6	0.090 5	0.236 5	0.101 6	0.197 1	0.145 6	0.231 4	0.330 7
A_5	0.243 4	0.181 7	0.262 9	0.242 0	0.070 1	0.118 4	0.111 3	0.269 9	0.118 4	0.181 7	0.169 7	0.080 1	0.786 4
A_6	0.338 9	0.232 9	0.332 1	0.340 5	0.136 6	0.201 6	0.087 8	0.372 3	0.201 6	0.232 9	0.212 3	0.310 9	0.218 9
A_7	0.180 1	0.207 3	0.068 5	0.116 1	0.056 3	0.169 2	0.039 5	0.248 8	0.109 2	0.207 2	0.153 6	0.186 7	0.302 3
A_8	0.262 1	0.243 1	0.328 5	0.257 1	0.075 8	0.225 0	0.068 1	0.211 9	0.225 0	0.243 1	0.225 2	0.246 8	0.317 8
A_9	0.180 9	0.207 2	0.169 3	0.216 1	0.056 3	0.109 2	0.049 5	0.248 8	0.109 2	0.207 2	0.153 6	0.186 7	0.302 3
A_{10}	0.250 1	0.149 3	0.190 1	0.248 9	0.106 7	0.217 0	0.062 8	0.321 9	0.217 0	0.149 3	0.218 6	0.214 7	0.245 6
A_{11}	0.225 1	0.171 2	0.214 5	0.184 1	0.058 5	0.198 7	0.054 9	0.252 3	0.198 7	0.171 2	0.113 3	0.261 8	0.214 3
A_{12}	0.247 6	0.154 3	0.183 6	0.312 9	0.421 9	0.194 3	0.190 6	0.314 7	0.194 3	0.154 3	0.091 2	0.176 5	0.310 4
A_{13}	0.189 2	0.096 7	0.050 6	0.314 7	0.321 9	0.136 1	0.012 9	0.312 4	0.236 1	0.096 7	0.190 1	0.191 7	0.214 3

由综合影响矩阵 $\boldsymbol{T}$，可以计算出各因素的影响度和被影响度。影响度即各影响因素的行和，被影响度即各影响因素的列和。影响度与被影响度的和为影响因素的中心度，数值越大，则该因素对环境群体性事件的影响越大；影响度与被影响度的差为影响因素的原因度，若原因度为正值，则该因素为原因因素，若原因度为负值，则该因素为结果因素。

（3）建立可达矩阵。

考虑到影响因素对自身的影响，需要建立环境群体性事件整体影响矩阵，整体影响矩阵由下式得出：

$$\boldsymbol{H}=\boldsymbol{I}+\boldsymbol{T} \tag{3-2}$$

为达到简化系统结构的目的，需要除去影响较小的因素，经多次取值后，给定阈值 $\lambda = 0.5$。由式(3-3)、式(3-4)可以计算得出环境群体性事件影响因素的可达矩阵 $\boldsymbol{K}$，见表3-5。

$$K_{ij} = 1 \quad h_{ij} \geqslant \lambda(i, j = 1, 2, \cdots, n) \tag{3-3}$$

$$K_{ij} = 0 \quad h_{ij} < \lambda(i, j = 1, 2, \cdots, n) \tag{3-4}$$

表3-5 环境群体性事件影响因素可达矩阵 $\boldsymbol{K}$

影响因素	A_1	A_2	A_3	A_4	A_5	A_6	A_7	A_8	A_9	A_{10}	A_{11}	A_{12}	A_{13}
A_1	1	1	0	0	0	0	0	1	1	0	0	0	1
A_2	1	0	1	1	1	1	0	1	0	0	0	1	1
A_3	1	1	0	0	1	0	1	0	0	0	0	0	1
A_4	0	0	1	1	0	0	0	0	1	0	1	0	1
A_5	1	1	0	1	1	0	1	0	1	1	0	0	1
A_6	1	1	1	0	0	0	0	1	1	0	0	0	0
A_7	0	1	0	1	1	0	1	0	1	1	1	0	1
A_8	0	0	1	0	1	0	0	0	0	0	1	1	0
A_9	0	1	0	0	0	1	1	1	0	0	0	1	1
A_{10}	1	0	1	0	1	0	0	0	1	0	1	0	0
A_{11}	1	1	0	1	0	1	0	0	0	1	0	1	1
A_{12}	1	0	1	1	0	0	1	0	1	0	1	0	0
A_{13}	1	0	1	1	1	0	0	1	0	1	0	1	1

(4) 确立解释结构模型。

应用可达矩阵 $\boldsymbol{K}$，明确因素的可达集合 $R(A_i)$ 及前项集合 $S(A_i)$。可达集合 $R(A_i)$ 为 A_i 因素对应列中值为1的因素的集合，前项集合 $S(A_i)$ 为 A_i 因素对应行中值为1的因素的集合。根据式(3-5)确定影响因素结构等级，见图3-6。

$$R(A_i) \cap S(A_i) = R(A_i) \quad (i = 1, 2, \cdots, n) \tag{3-5}$$

(5) DEMATEL-ISM 集成模型结果分析。

从图3-6中可以看出，环境敏感性工程项目引发环境群体性事件的关键影响因素共分为四个层级。A_3(媒体舆论传播)、A_1(项目风险特征)、A_2(项目熟悉程度)是第一级影响因素；A_7(公众参与)、A_8(民意诉求)、A_9(信息公开)、A_{10}(风险沟通)、A_{11}(预警机制)是第二级影响因素；A_4(潜在污染风

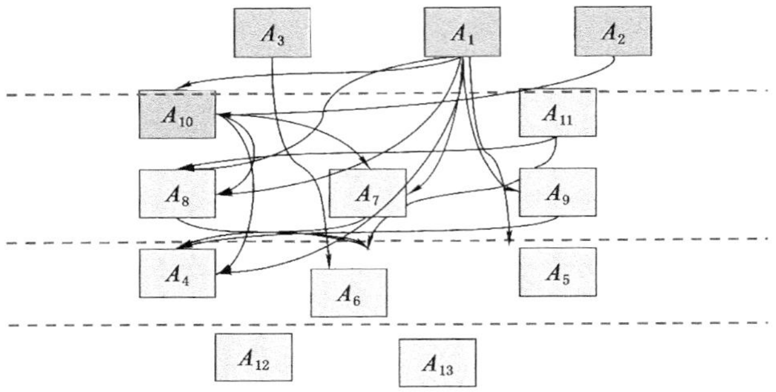

图 3-6　环境群体性事件影响因素解释结构模型

险)、A_5(技术安全风险)、A_6(经济利益风险)是第三级影响因素;A_{12}(社会信任)、A_{13}(社会心理)是第四级影响因素。第一级影响因素为环境群体性事件表层影响因素;第二级、第三级影响因素为环境群体性事件间接影响因素;第四级影响因素为环境群体性事件二次间接影响因素。

3.4　本章小结

本章梳理了近年来我国发生的 20 起典型的风险型环境群体性事件案例,总结了风险型环境群体性事件特点,从"4M"视角入手分析了环境敏感性重大工程引致环境群体性事件的根本原因,梳理出风险型环境群体性事件发生的 13 个影响因素,对各影响因素进行了详细辨识,并运用 DEMATEL-ISM 集成模型针对这些影响因素的关系构建了解释结构模型,明确各主要影响因素在环境敏感性重大工程稳定风险系统中的结构关系,为下文依照结构层级构建环境敏感性重大工程稳定风险的突变模型和评价指标体系提供基础。

第4章 重大工程社会稳定风险机理分析

"机理"一般指的是事件发生和发展所遵循的内在逻辑和运行规律[80]。从机理的概念来看，它有两个层面的含义，一方面是机理的形成要素，另一方面是各形成要素之间的相互关系。而机理分析则是通过对系统内部各要素及其关系的分析，发现事物发展变化规律的科学研究方法。从社会安全的角度来看，如果能够明确突发事件的内在发生和演化机理，就可以发现突发事件发生的根源，发现事件形成的规律和推动事件发展的关键驱动力，以便在风险管理和应急管理中制定相应的应对策略[81]。所以，机理分析在一定意义上是进行风险管理和应急管理的前提和基础，只有理清并掌握了事件的内在机理，才能在突发事件发生后做出迅速、有效的应对，从而实现妥善处理突发事件、减少事件损失和损害的目标[82]。下面将针对重大工程社会稳定风险的一般机理和环境敏感性重大工程引致群体性突发事件的突变机理分别进行分析。

4.1 重大工程社会稳定风险一般机理分析

4.1.1 社会稳定风险机理体系

在重大工程项目建设中，往往涉及征地补偿、环境改变、安全生产等对民众影响较大的敏感因素，敏感因素的存在使重大工程项目处于一种不安全状态。在这种不安全状态下，敏感因素的影响程度与范围不断扩展，并在相互作用过程中继续演化，最终将可能导致危害社会稳定的事件发生。事件链上，危害事件最终会引起某种损失或损害，如人身伤害、财产损失等，见图 4-1。

图 4-1　危害事件形成过程

敏感因素的类型及出现概率、发生何种危害事件及其发生概率、导致何种损失及其概率都是不确定的，这种危害事件形成的不确定性就是社会稳定风险，主要通过危害事件现象和损失事件表现。根据风险产生、发展、演化过程，将社会稳定风险机理分为产生机理和演化机理分别进行分析，可用图 4-2 表示。

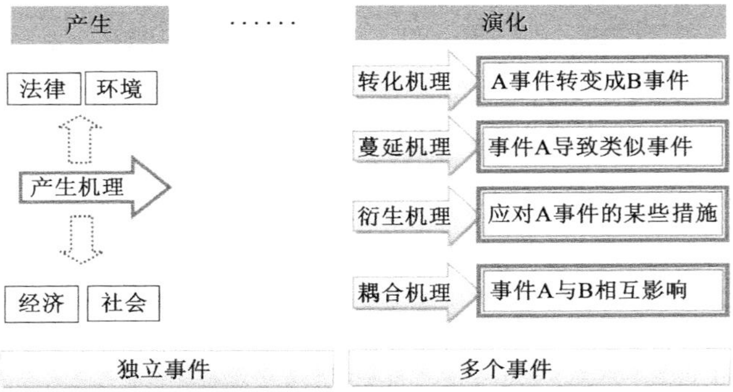

图 4-2　社会稳定风险的机理体系

重大工程项目的风险评估遵循一般风险管理的逻辑步骤，主要程序包括识别风险源、分析风险因素、确定风险等级、对风险进行防控等几个环节，每个步骤和环节都紧密相连，缺一不可[46]。而机理分析可以说是重大工程社会稳定风险工作的起点，它是构建评估指标体系的逻辑起点和分析依据。重大工程项目的风险来源是多方面的，包括政府、人民群众、项目的建设者等相关主体的影响。为了选择有效化解风险的措施，要求对重大工程项目涉及的各种风险因素的运动、变化、发展路径和规律进行剖析。本书将重大工程项目的风险机理划分为以下三个阶段：产生机理、发展机理和演化机理。

4.1.2　社会稳定风险的产生机理

重大工程项目建设过程中不可避免涉及土地补偿、环境改变等敏感因素，敏感因素的存在使系统处于一种不安全状态，这种不安全状态会对社会群体或个人产生不良影响，一旦不良影响超出受体可接受水平就会发生影响社会稳定的事件，见图 4-3。

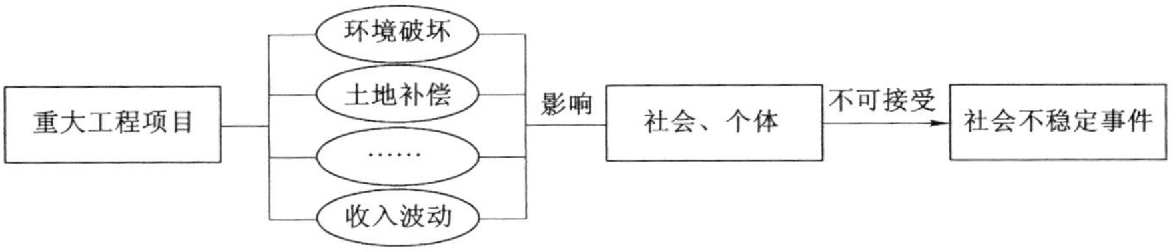

图 4-3　重大工程项目社会稳定风险的产生机理

从重大工程项目社会稳定风险的产生机理可以看出，社会稳定风险正是由重大工程项目中包含的敏感因素所导致的。从根源上抑制敏感因素产生，杜绝对社会群体或个人产生影响，降低敏感因素的影响程度或提高受体的承受阈值，使影响程度低于受体的承受阈值，是重大工程项目社会稳定风险实现防控预警的关键所在。

导致社会稳定风险产生的敏感因素可称为风险因素，风险因素作用于重大工程项目的全生命周期中，根据来源不同可分为法律政策类风险因素、环境安全类风险因素、经济利益类风险因素、社会发展类风险因素四类。

(1) 法律政策类风险因素。重大工程项目中的法律政策类风险因素主要包括国家法律、部门规章、地方法规、技术标准、政策制度等，主要表现为法律条款冲突、缺乏规章支持、技术标准失效以及公众参与制度、信息公示制度、应急管理制度等不完善。法律法规问题会使公众对工程的合法性、合理性产生怀疑，对政府满意度下降；公众参与制度等不完善会使公众对项目了解程度和参与程度不足，对项目支持率、接受率下降，极易引发对项目的排斥感，导致集会抗议事件。

(2) 环境安全类风险因素。重大工程项目中的环境安全类风险因素主要包括环境因素、生态因素、人身安全等，主要表现为在项目建设过程中的水体污染、大气污染、土壤污染等环境污染和水土流失、土地荒漠化等生态破坏，以及安全生产事故导致的对公众的人身安全损害。环境污染、生态破坏以及对公众人身安全的影响都有可能引发民众抗议甚至群体性冲突事件。

(3) 经济利益类风险因素。重大工程项目中的经济利益类风险因素主要包括社会和个人两个层面。社会层面主要表现为周边土地房屋贬值、就业率下降、物价上涨、供求波动等；个人层面表现为个人收入降低、生活成本增加、征地补偿不足等。在重大工程项目建设过程中，民众更关心项目对经济方面的影响，这是导致民众抗议甚至群体性事件的主要原因。

(4) 社会发展类风险因素。重大工程项目中的社会发展类风险因素主要包括物质资料和精神文化两方面，主要表现为教育、医疗、交通、水电等公共配套设施不足和语言、民俗、宗教等精神生活不适应。配套设施不足和精神生活不适应使民众日常生活受到干扰，引起民众对项目的抵触情绪，是导致冲突事件的潜在原因。

4.1.3 社会稳定风险的发展机理

重大工程项目所涉及的各种风险因素是处于不断的运动、变化和发展过程中的。随着项目建设过程的推进，新的风险因素不断产生，风险程度和范围不断扩展，此时各风险因素之间没有产生相互作用，处于相对稳定状态。在此阶段，社会稳定风险由最初的单风险因素逐渐发展为多风险因素，而且各风险因素内部以及风险因素之间会在事件的发展过程中发生耦合。在此过程中，那些原本无关紧要、风险较低的因素就有可能发生质变，使原本无关紧要的风险因素被放大，由此引致突发事件的概率逐渐增大、损失程度逐渐增强。这种因风险因素产生与发展导致的风险程度逐渐增强的过程即社会稳定风险的发展，体现在风险因素程度的发展和数量的发展两个层面。

程度的发展体现在单个风险因素在强度和广度两方面的延伸。风险因素的发展随着项目的推进逐渐加强，随着项目生命周期的发展，风险因素的影响强度和影响范围逐渐增大，社会稳定风险增强，见图 4-4。*OB* 段是风险因素发展的初始阶段，该阶段风险因素影响程度随项目推进逐渐增强；但因风险因素种类、性质不同，风险程度逐渐出现变化，出现 *BC*、*BD*、*BE* 三种情况。如水污染等风险因素的影响程度会随时间的推移不断扩展，呈 *BC* 规律；建设过程中的噪声污染会随项目建设完成逐渐消减，如 *BE* 过程。社会群体和个人对各类风险因素都有一定的承受能力，当风险因素影响程度超出承受阈值就会产生危害社会稳定的事件，如风险因素程度超过阈值 1 便会在 A 时刻发生危害事件；同理，当承受阈值为阈值 2 时，单个风险因素便不会引致危害事件。

数量的发展体现在风险因素类型、数量的增长方面，社会稳定风险因素的类型越多、数量越大，危害事件发生的可能性越大、后果越严重。风险因素存在于重大工程项目的决策、设计、建设、投入使用的全生命过程中，随着项目推进，各类风险因素相继出现，最终共同作用导致危害事件发生，见图 4-5。与风险因素程度发展类似，因重大工程项目类型不同，风险因子的数量最终也会呈发展、稳定和消减三种情况，如 BC、BD、BE 所示。

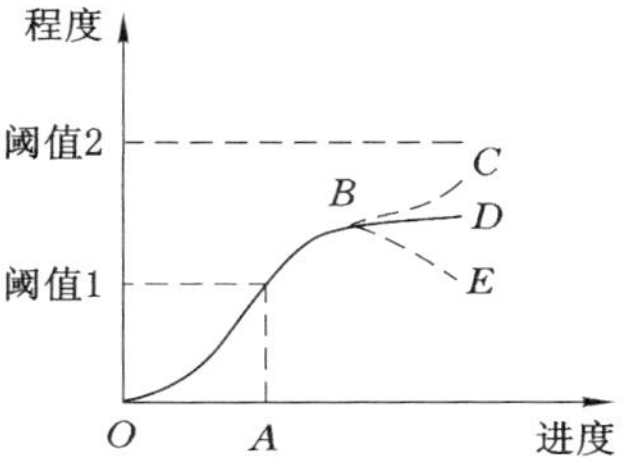

图 4-4　社会稳定风险因素程度发展

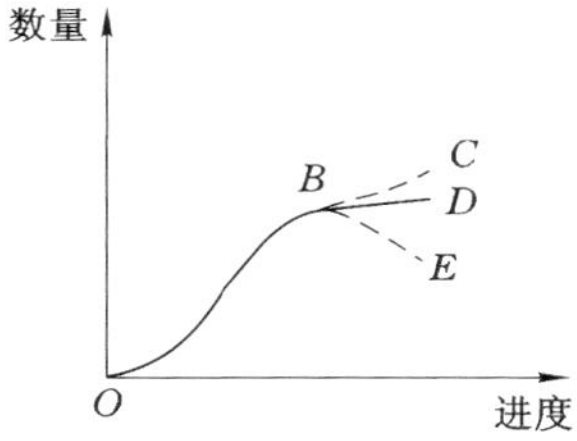

图 4-5　社会稳定风险因素数量发展

在社会稳定风险的发展阶段，社会稳定风险的概率逐渐增大、损失程度逐渐增强，从初始的小风险逐渐发展为较大甚至重大风险，风险的可接受水平由可接受变为不可接受。如果这种风险事实再经过舆论和媒体等进行加工传输后，在时间和空间上不断扩散，导致产生风险的"放大效应"，在很大程度上会加剧社会的矛盾和冲突。因此，在风险的产生、发展路径中，各风险因素也经历了从量变到质变的过程，风险因素积聚到一定程度最终才导致了群体性事件的发生。尤其是在当今网络信息化时代背景下，信息的传播，尤其是网络信息的传播具有很大的自发性和盲目性，更是加剧了项目本身的风险。此阶段是社会稳定风险监管治理的关键节点，应对不当往往会导致危害事件发生，甚至使风险迅速演化，导致新的风险或者事件的产生。

4.1.4　社会稳定风险的演化机理

风险因素类型、数量、范围、程度发展到一定阶段会产生相互作用，在外部因素催化影响下进一步增大社会稳定风险，并形成不同于原有风险的新型风险或事件。这种风险在发展阶段产生质的变化，形成新风险或事件的过程即风险演化，包括转化机理、蔓延机理、衍生机理和耦合机理，如图 4-6 所示。

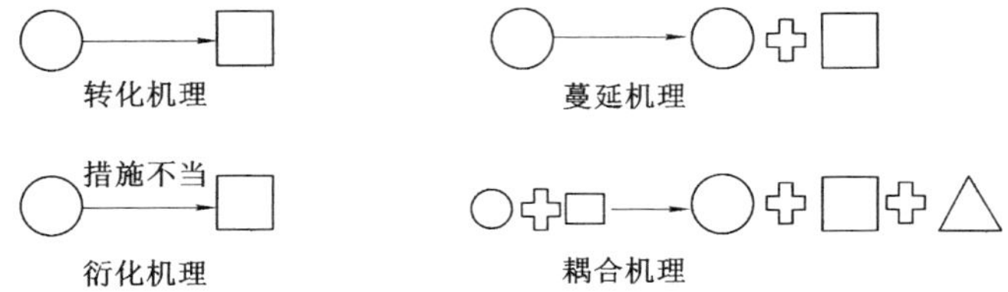

图 4-6　社会稳定风险演化机理

（1）转化机理。

社会稳定风险的转化是指风险发生质的变化，转化为新类型风险且原风险消失的现象。这种现象并不常见，因为风险是衡量事件发生可能性及严重性的指标，只要风险因素存在，事件就存在发生的可能性，原有风险就不会消失。

（2）蔓延机理。

社会稳定风险的蔓延即产生新类型风险且原有风险仍然存在的现象。不同的风险可能存在相同的风险因素，因此风险因素在带动风险发展的同时，通常会产生新类型风险。例如水污染可能导致集会抗议事件，随着水污染程度加深可能会使污染物通过饮水和食物链进入人体，危害群众的生命健康，产生生命健康风险。蔓延发生后原来的风险还存在，新旧风险因素同时发生作用，如大火引起油罐爆炸，油罐爆炸发生后大火依然燃烧，甚至再次引发爆炸使火势更强。蔓延与突发事件在范围上的扩展不同，突发事件在范围上的扩展只是受影响的承载体增多，影响的范围扩大，但没有产生质变，没有新的突发事件发生。

（3）衍生机理。

衍生是指为应对重大工程项目社会稳定风险而采取的人为措施引起的突变，其原因往往是管理者采取了不当的风险管控措施。如征地拆迁补偿不合理导致聚众上访风险，应对不当进行强拆会导致暴力抗拆等个人极端行为。应对突发事件的人为风险管控措施包括合理措施和不当措施，合理措施是指应对重大工程项目社会稳定风险或群体性突发事件必需的并且对事件应对起到正面效果的措施，能够抑制或消减社会稳定风险状态或群体性突发事件的发展，而不当措施会对群体性突发事件的控制带来负面的效果。当然，人为风险管控措施除了对群体性突发事件有着正面或负面的影响以外，自身也会带来一些财产损失，甚至人员伤害，这些损失是为了避免更大损失必须付出的代价。一般这些损失和破坏不构成新的突发事件，只有人为措施的影响产生新的突发事件才能称为衍生。

（4）耦合机理。

耦合一般指由很多因素共同作用导致的演变，这些因素包括环境因素、事件内部因素和承载体因素。耦合演变的一个重要因素便是环境变量，环境因素加上另外两个因素相互作用、相互影响就会引起突变。重大工程项目社会稳定风险的耦合是指风险因素与其他事件或风险因素之间互相作用、互相影响，导致原有风险进一步增大，并引发其他新风险或群体性突发事件的现象。如信息公开制度不落实导致群众对项目了解程度不足，若同时期网络存在相关虚假言论，两者相互耦合会产生强烈的负面舆情事件，在对政府满意度不高的情况下，甚至会导致大规模冲突事件。耦合与转化、蔓延、衍生机理的不同之处在于耦合是多种因素共同作用的结果，而其他几种则是由于内部因素或单一外部因素引起的突变。

4.2　环境敏感性重大工程引致群体性事件突变机理分析

4.2.1　突发事件与危机管理机理体系

就突发事件和危机管理的机理而言，可分为突发事件的机理与危机管理的机理这两个部分，后者基本上是由前者决定的，它们之间存在着很强的关联性。这两部分都包含有专业性机理和一般性机理两个层次，如图 4-7 所示。

突发事件和危机管理的一般性机理，又可以分为原则性机理、原理性机理、流程性机理和操作性机理四个不同的类别。原则性机理是指对特征的简单描述；原理性机理是对整个事件过程和危机处理过程的规律性进行刻

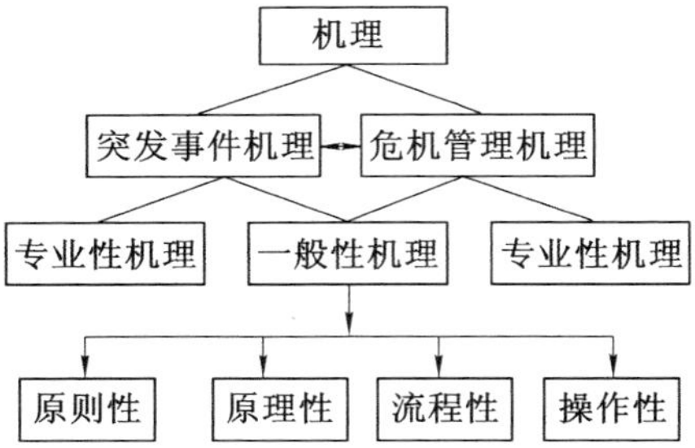

图 4-7　机理体系层次图

画;流程性机理说明事件和危机处置过程的前后逻辑,是一个最优的过程;而操作性机理在流程性机理的基础上,考虑到各种实际存在的约束,给出的是一套事件和危机管理的规律性表达。机理体系不仅具有清晰的层次性,突发事件与危机管理的机理之间还存在着很强的逻辑性,机理体系的逻辑如图 4-8 所示。

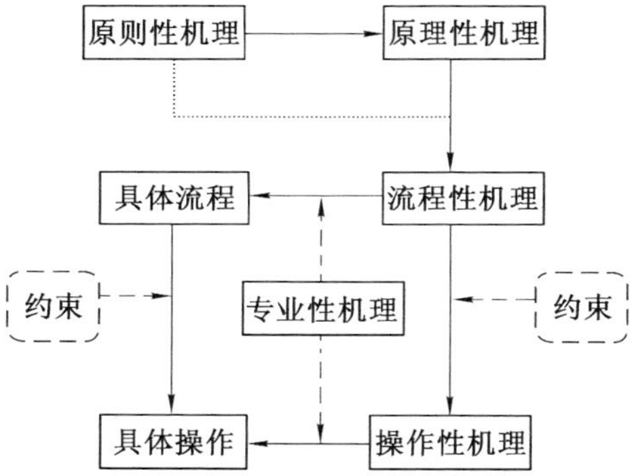

图 4-8　机理体系逻辑图

4.2.2　从环境风险到社会危机的突变路径

在前面的文献综述中,已经区分过风险与危机的因果逻辑关系,可以得知,风险与危机两者之间是紧密相连的,风险是因,危机是果,危机是风险的实践性后果。但是,并不是所有的风险都会产生危机,风险之所以转为危机,一般来说是因为对潜在的风险没有做好预防预控工作,导致各风险因素不断积聚、蔓延和扩散，加上触发事件的耦合，最终才酿成了危机后果。同样，环境敏感性工程项目近年来频繁引发环境群体性突发事件的根本原因，也正是由于相关部门在前期工作中对项目潜在的环境风险不够重视，渐渐地环境风险便会积聚、蔓延和扩散，超出了自然环境和生态系统自身的承受阈值，加上人类的“不当作为”，才最终发展成为现实的社会危机[83]。可以说，项目环境风险是环境群体性突发事件的源头，而社会危机则是环境群体性突发事件造成的后果。

不同于环境污染或事故引发的群体性突发事件，风险型环境群体性事件的根源是公众对项目未来环境污染的感知和担忧，所以一旦感知到重大工程项目上马或兴起会损害自己未来的居住环境和健康，就会激发其心底的忧惧情绪，而且这种情绪通过媒体与网络的传播与动员，造成风险的社会放大，会迅速在更大群体中进行传染，短时间内形成公众群体的风险感知和群集情绪。如果地方政府未能开展实时有效的风险沟通，就会造成风险不断积聚，最后爆发大规模的群体性突发事件。这种群体性突发事件从公众感知到风险再到风险积聚和群体性事件爆发形成社会危机的中间过程一般比较短，社会稳定系统呈现的是一种突变式路径(图 4-9)。近年来我国爆发的多起风险型环境群体性突发事件，如广州番禺垃圾焚烧厂事件、宁波 PX 项目事件和大连 PX 项目事件基本上都属于突变式，事件爆发过程急、持续时间短、对抗性强、破坏程度大，对社会安全和稳定系统造成的震荡和冲击也比较强。

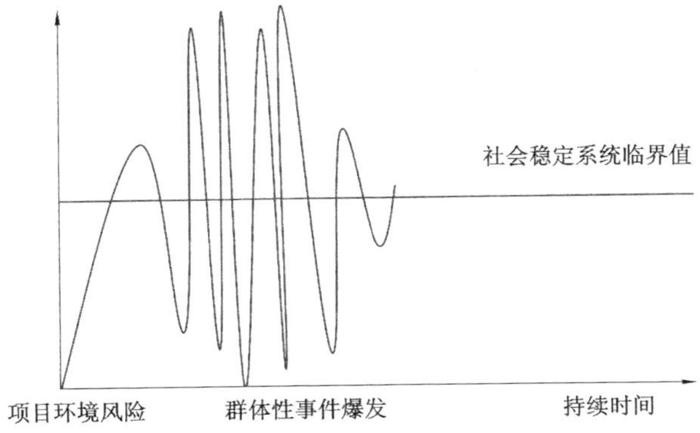

图 4-9　社会稳定风险的突变曲线

4.2.3 环境敏感性重大工程社会稳定风险的突变机理

系统论认为任何事物都有一个从量变到质变的发展演变过程。因此，从环境敏感性重大工程存在的潜在环境风险到群体性突发事件社会危机的形成，也是一个量变引起质变的过程。虽然风险型环境群体性事件的爆发呈现出的是突变式曲线和路径，但是它的爆发也绝非偶然，是由环境风险逐步积聚、酝酿、转化、耦合再到突变的过程（图 4-10）。从环境敏感性重大工程即将上马，公众感知到重大工程建成可能带来的环境污染和身体健康损害风险时，出于对自身的保护意识其会产生强烈的抵触心理。另外，公众对相关专业知识的缺乏可能会造成其对风险的主观判断和高估，这时候公众方面和政府方面会出现风险感知差异和失衡。而由于长期以来我国政府在重大工程建设方面都处于主导地位，尤其是在环境敏感性重大工程决策程序方面，部分地方政府存在“闭门决策”现象，信息公开不及时，导致公众参与缺失或不足，忽略了公众对项目的风险感知，而风险感知差异正是许多群体性事件爆发的心理根源[83]。

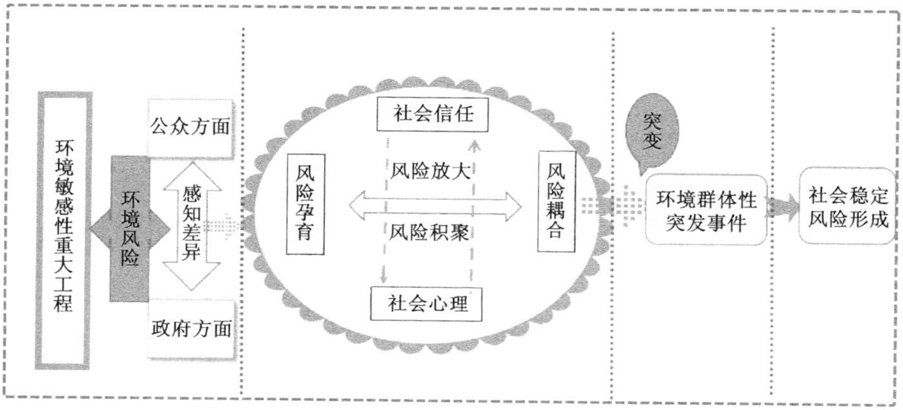

图 4-10 环境敏感性重大工程社会稳定风险演化模型

根据已有研究结果，风险感知严重影响着人们的行为选择和行动，尤其是在环境敏感性重大工程的建设过程中，公众的不了解、恐惧等心理因素和风险的社会放大机制，更是使得公众处于高风险感知水平和状态。此时，在政府方面，由于在环境敏感性重大工程建设前期对公众信息公开不足、与民众沟通欠缺，而使民众参与程度不足，这又让谣言有机可乘，谣言的传播导致了社会的焦虑和恐慌，社会心理系统处于失衡状态。而前期公众参与不足，利益诉求表达渠道受阻，又导致公众对项目方的高度不信任和政府公信力的下降，社会信任系统处于失范状态。在环境敏感性重大工程环境风险积聚过程中，社会心理系统的失衡和社会信任系统的失范加剧了从环境风险到群体性突发事件社会危机的演变进程[84]。此时，如果政府部门不及时采取措施，环境风险在外部社会系统多方面因素的影响和耦合之下就会发生突变，环境群体性事件就会爆发，随着群体性事件这种社会稳定风险的扩大和蔓延，会给当地社会秩序和稳定造成严重的危害，社会稳定风险积累到一定程度就会迅速逼近社会系统能够承受的最大阈值，导致社会动荡和失稳。基于此，本书构建了环境敏感性重大工程社会稳定风险演化模型，如图4-10所示。

4.3　本章小结

本章主要对重大工程社会稳定风险产生的一般机理，以及环境敏感性重大工程引致群体性突发事件的突变机理分别进行了研究和分析。重大工程社会稳定风险的一般机理主要从风险的产生机理、发展机理和演化机理三个方面分析了政府、人民群众、项目的建设者等相关主体和多方面的风险因素在重大工程建设过程中的运动、发展和演化规律。环境敏感性重大工程除了具有重大工程社会稳定风险演化机理的一般特征外，还有其独特的“突变式”演变特征。本书构建了环境敏感性重大工程社会稳定风险演化模型，从公众风险感知和政府行为管理两个方面论述了环境敏感性重大工程的环境风险在社会系统等多方面因素的综合影响下不断积聚、放大、耦合，最终发生突变导致群体性事件爆发，社会稳定风险逐步向群体性突发事件社会危机转化的过程，明晰了环境敏感性重大工程引致群体性突发事件的源头，发现了事件形成的规律和推动事件发展的关键驱动力因素，以便为后文的评价模型构建和风险管控与治理提供基础。

第 5 章

重大工程社会稳定风险突变模型构建

5.1 突变理论用于社会风险分析的可行性

群体性突发事件的发生是一个复杂的动态变化过程，按照系统论观点，事故（事件）的发生可理解为系统内某些参数的连续变化引起系统的突然质变，系统自安全（稳定）状态转化为不安全（不稳定）状态实际上是一种突变现象。因此，突变理论对于揭示社会稳定风险与群体性突发事件的本质特征具有重要的参考价值。根据前文所述，社会稳定风险是潜在的，指向未来的损害或者破坏，群体性突发事件则是社会稳定风险在实践中的具体表现。

重大工程项目的建设是一个动态的过程，在这个过程里面，新的严重威胁和其他风险因素层出不穷。重大工程项目社会稳定风险和突变理论具有的共同的本质特征，即冲突的不确定性（或者称为不可计算性）。风险的可计算性是一个经济学或金融学的问题，不可计算性则是一个社会学、政治学或公共管理学的问题。社会稳定风险之所以具有不可计算性，原因有两个方面：一方面是由于社会稳定风险属于人为制造风险，这种风险具有系统复杂性，如食品中的有毒成分可能来源于几十年前除草剂的滥用或几千公里外的污染，也可能来源于不法商人的不良行为；另一方面是由于社会稳定风险的不确定性，破坏了“大数法则”的基础。

环境敏感性重大工程项目引发的群体性事件基本上都源于项目潜在的环境风险，从环境风险到群体性突发事件社会危机的爆发是一个风险因素逐步聚积，量变引起质变直至系统发生突变的过程。社会系统在受到外界的扰动之前一直是较为平稳地连续变化，突然出现外界压力时，各个参数开始发生变化，导致社会系统的运动状态也相应地发生改变，与之前的状态相比呈现出不连续的变化，即发生了突变现象。不管是自然环境系统还是生态系统，都有其自身的承受极限和临界点，超出了这一极限和临界点，就会破坏自然环境和生态系统的原有平衡，造成环境污染与生态危机。目前我国部分企业和地方政府为了追求经济利益和所谓的 GDP，不顾当地环境的承载能力，盲目上马大批重化工项目，而当地民众担心这类工程项目对自己的居住环境造成污染，加上媒体舆论的报道引导，政府风险沟通和危机公关等应急处置不当，群体性危机事件便一触即发。由此可见，环境群体性事件的爆发可以理解为社会系统内部相关控制参数的连续变化引起社会系统状态的突然质变，社会系统自安全和稳定状态转化为不安全和不稳定状态，因此，就可以用突变模型的势函数来对环境风险性重大工程社会稳定风险进行分析，同时可以根据得到的参数，运用数学工具绘制出一个三维立体的直观图，对环境群体性事件的突变现象进行模拟，能够更加清晰地揭示社会稳定风险的本质特征和状态变化，有利于及时预防预控，从而尽量将群体性突发事件的负面影响降到最低。除此之外，突变理论自诞生后，已经被较广泛地运用于自然科学等相关领域中，已有的研究成果为本书应用突变理论对环境敏感性重大工程社会稳定风险进行分析提供了有益的参考和借鉴。

5.2　突变模型简述

突变模型是根据突变理论刻画系统突变现象的数学模型。在突变理论中，常用一组函数来描述系统在各个时期的不同变化状态，这组函数一般被称为“势函数”。势函数是由系统各个组成部分的相对联系、相互作用决定的，每一个势函数就代表系统的一种状态。而系统的势函数则是由系统的状态变量和控制变量共同决定的。状态变量一般指的是系统可能出现突变的量，控制变量一般指的是引起系统突变的因素。在状态变量和控制变量的共同作用下，系统的运动状态就可以通过一系列的点表现出来，运用突变模型就可以对其进行科学定量的分析。如果系统处于稳定和安全状态，此时势函数只有一个极值。当函数中的某一个参数或多个参数发生连续变化时，函数会发生突然的跃迁，就会存在两个或两个以上的极值，表现在函数图像上是在连续变化平面的投影上出现折线或者连续变化的曲线上出现折点，据此就可以推断出系统此时处于不稳定或者不安全状态。此外，通过突变理论的分析，还可以得到系统分别处于稳定和安全状态以及不稳定和不安全状态时各自对应的参数区间，据此就可以分析系统参数发生变化时系统状态的变化情况，通过调整参数来实现控制和减少突变现象发生的目的。

勒内·托姆通过大量的数学推导，证明了系统状态可能出现的突变现象主要取决于控制变量，当控制变量数量不超过 4 个、状态变量的数目不超过 2 个时，突变现象的势函数一般有 7 种形式，从而，突变理论就有 7 种基本的突变形式，这 7 种突变形式被称为初等突变形式，如表 5-1 所列。

表 5-1　基本初等突变模型

突变类型	状态变量数	控制变量数	势函数
折叠突变	1	1	$F(x)=x^3+ux$
尖点突变	1	2	$F(x)=x^4+ux^2+vx$
燕尾突变	1	3	$F(x)=x^5+ux^3+vx^2+wx$
蝴蝶突变	1	4	$F(x)=x^6+tx^4+ux^3+vx^2+wx$
双曲脐点突变	2	3	$F(x,y)=x^3+y^3+wxy-ux-vy$
椭圆脐点突变	2	3	$F(x,y)=\frac{1}{3}x^3-xy^2+w(x^2+y^2)-ux$
抛物脐点突变	2	4	$F(x,y)=y^4+x^2y+wx^2+ty^2-ux$

环境敏感性重大工程社会稳定风险评价属于多目标综合评价，我们关注的重点只是一个具有全面性的评价结果，即状态变量为 1 个，因此下面将着重对突变理论的 7 种基本初等突变模型中，状态变量为 1 且实用性较强的 4 种突变模型——尖点突变、折叠突变、燕尾突变和蝴蝶突变的机理与性质进行介绍。

5.2.1　尖点突变

尖点突变是初等突变模型中最为常见的，应用广泛，其势函数的一般表达式为：

$$F(x)=x^4+ux^2+vx \tag{5-1}$$

式中，x 为状态变量；u、v 为控制参数；$F(x)$ 表示势函数，即状态为 x 时，系统储存的能量。根据 $F'(x)=4x^3+2ux+v=0$ 所建立的曲面图形称为尖点突变流形图，如图 5-1 所示。图中分为上叶、中叶和下叶 3 个部分，分别代表了系统的 3 种平衡状态，如果势 F 处于上叶和下叶时，系统状态都处于渐进稳定状态；如果势 F 处于中叶时，代表着系统发生了突变，此时系统处于不稳定状态。

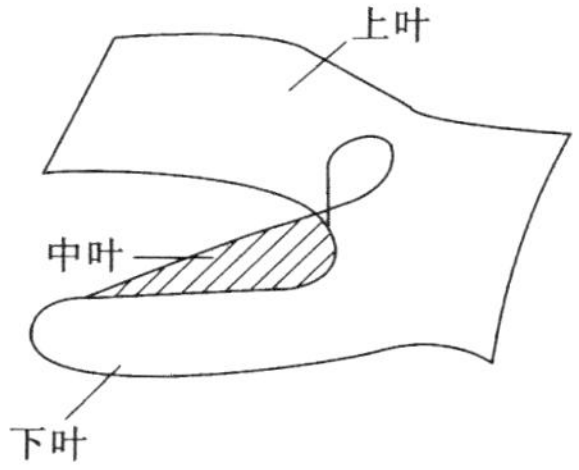

图 5-1 尖点突变流形图

5.2.2 折叠突变

折叠突变是 7 种初等突变模型中最为简单的一种，其势函数的一般表达式为：

$$F(x) = x^3 + ux \tag{5-2}$$

状态空间为二轴，控制空间为 u 轴，构成乘积空间二维平面，由 $F'(x) = 3x^2 + u = 0$ 所确定的曲面称为折叠突变流形图，如图 5-2 所示，其为二维平面上的一条抛物线。

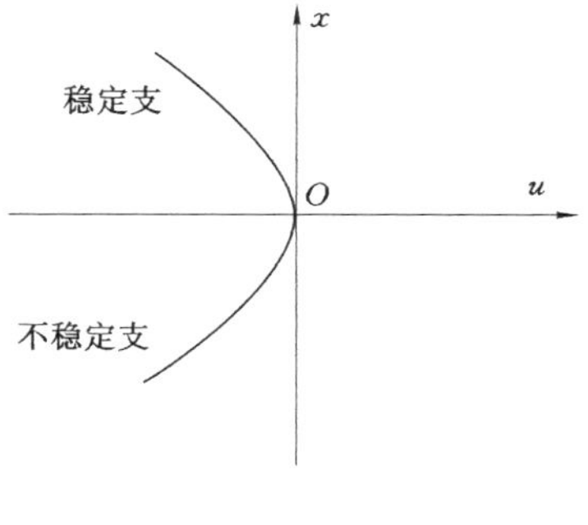

图 5-2 折叠突变流形图

5.2.3 燕尾突变

燕尾突变是包含 3 个控制变量 u、v、w 的突变模型，其势函数的一般表达式为：

$$F(x) = x^5 + ux^3 + vx^2 + wx \tag{5-3}$$

平衡曲面 M 的方程为：

$$F'(x) = 5x^4 + 3ux^2 + 2vx + w = 0 \tag{5-4}$$

燕尾突变模型的突变曲面是一个(u,v,w,x)的四维超曲面，结构比较复杂，很难用图像来描述。燕尾突变的分歧点集形似燕尾，故而得名，其分歧点集曲面的简图如图 5-3 所示。

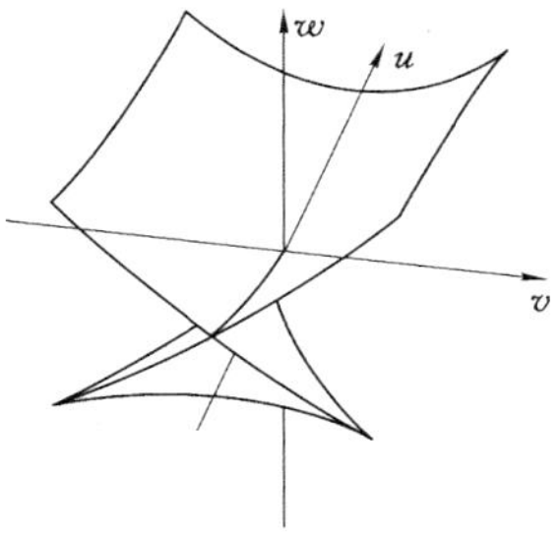

图 5-3　燕尾突变流形图分歧点集曲面

5.2.4 蝴蝶突变

蝴蝶突变也是应用较广泛的突变模型之一，其势函数的一般表达式为：

$$F(x) = x^6 + tx^4 + ux^3 + vx^2 + wx \tag{5-5}$$

平衡曲面 M 的方程为：

$$F'(x) = 6x^5 + 4tx^3 + 3ux^2 + 2vx + w = 0 \tag{5-6}$$

蝴蝶突变模型的突变曲面是一个超曲面(图 5-4)，包含 4 个控制变量，分析起来比较复杂，也很难绘制出其分歧点集的图形。通过采取同燕尾突变模型相似的方法，先画出不同状态下蝴蝶突变的分歧集截线，最后连接可以获得其平衡曲面图。

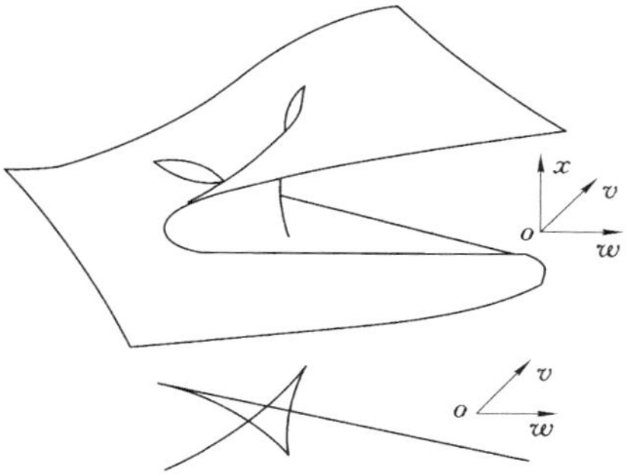

图 5-4　蝴蝶突变平衡曲面图

5.3　环境敏感性重大工程社会稳定风险尖点突变模拟

5.3.1　控制变量的类型与选取

突变理论的主要优点在于考察某种系统或过程从一种状态到另一种状态的跃进。突变现象和突变模型的 5 个基本特征分别为多模态性、不可达性、突跳性、发散性和滞后性，而且，只要研究的对象和问题中出现以上 2 个特征时，就可以运用突变模型进行定性分析[85]。前面对突变模型的介绍中已经提到，当控制变量的数目不超过 4 个、状态变量的数目不超过 2 个时，则最多只有 7 种基本的初等突变类型。

突变理论及模型在社会科学研究中很重要的方式之一就是依靠经验，即在系统的势函数未知的情况下根据系统表现的外部形态来建立它的一个突变模型。根据突变理论的内涵，我们可以将环境敏感性重大工程引发的群体性突发事件导致的社会不安全和不稳定状态作为系统的状态变量，此时，如何选取和确定控制变量就变得非常重要。风险型环境群体性事件的发生受到社会系统中多方面因素综合影响，要选关系度比较大的关键影响因素才能准确表述环境敏感性重大工程社会安全和稳定风险状态的变化。根据前面章节对环境敏感性重大工程社会稳定风险影响因素及其结构关系的分析，风险型环境群体性事件的发生受到社会系统中多方面因素综合影响，其中公众风险感知和政府行为管理是两个关键影响因素。因此，本书将公众风险感知和政府行为管理看作是风险型环境群体性突发事件影响关系最重要的直接因素和间接因素，选取公众风险感知（u）和政府行为管理（v）作为环境敏感性重大工程社会稳定风险分析模型的控制变量，选取突变模型中应用最广泛的尖点突变模型进行函数构建和推演分析。

5.3.2 尖点突变模型与模拟

对于重大工程社会稳定风险来说，描述该重大工程社会稳定风险状态的势函数表达式为：

$$F(x) = x^4 + ux^2 + vx \tag{5-7}$$

根据式(5-7)中的势函数表达式，求导得到其临界点方程，即尖点突变模型中的平衡曲面 M 的表达式如下：

$$M = F'(x) = 4x^3 + 2ux + v = 0 \tag{5-8}$$

式中，x 为环境敏感性重大工程安全稳定的状态变量，表示“稳定”或“不稳定”，不稳定意味着风险型环境群体性事件的爆发；u，v 为控制变量，u 为公众风险感知，v 为政府行为管理。

公式 $M = F'(x) = 4x^3 + 2ux + v = 0$ 有 1 个实根或 3 个实根，实根数目可由下面的判别式来确定：

$$\Delta = 8u^3 + 27v^2 \tag{5-9}$$

(1) 当 $\Delta < 0$ 时，则 x 有 3 个实根，这时 $F(x)$ 存在 2 个极小值、1 个极大值，这种情况意味着社会系统处于不稳定的危险状态，将有可能发生突变，环境群体性事件有可能爆发。

(2) 当 $\Delta > 0$ 时，则 x 有 1 个实根，这时 $F(x)$ 存在 1 个极小值，这种情况意味着社会系统的控制变量正在经历持续平稳的变化，状态变量也随控制变量的改变发生着稳定的变化。在一定区域内，由于控制变量变化相对稳定，社会系统还处于稳定状态，不会产生突变而爆发环境群体性事件。

(3) 当 $\Delta = 0$ 时，如果 u、v 都不等于 0，则有 1 个二重根，若 u 和 v 都等于 0 则有 1 个三重根，此时社会稳定系统处于临界平稳状态，即由一个平衡位置的状态向另一个平衡位置的状态过渡。

对上面确立的临界点方程进行求导，得到奇点集 S：

$$F''(x) = 12x^2 + 2u = 0 \tag{5-10}$$

分歧点集 B 为平衡曲面 M 上褶皱的两条折痕在控制平面上的投影，其方程为：

$$8u^3 + 27v^2 = 0 \tag{5-11}$$

分叉集方程的分解形式为：

$$\begin{cases} u = -6x^2 \\ v = 8x^3 \end{cases} \tag{5-12}$$

根据以上函数可以绘制平衡曲面 M 和分歧点集 B 的空间图形，它是由一个状态变量 x、两个控制变量 u 和 v 所构造的三维空间结构，如图 5-5 所示。

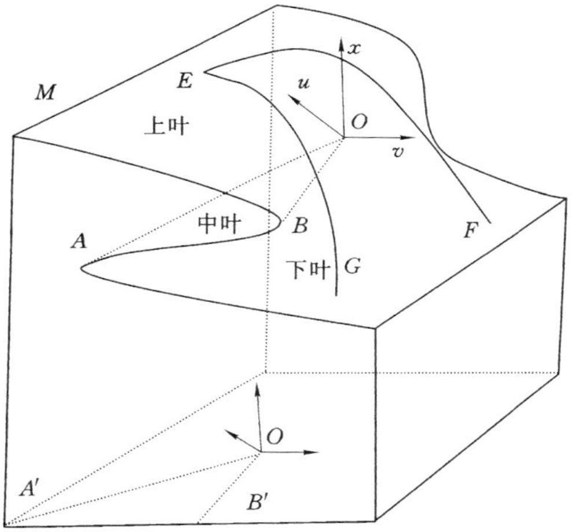

图 5-5　社会稳定系统尖点突变模型的平衡曲面和分歧点集

图 5-5 即社会稳定系统尖点突变模型的平衡曲面和分歧点集。其中以 (x,u,v) 为坐标的三维空间上的每一个点都表示着系统的不同状态，即该平衡曲面上的每一个点 x 都表示了系统在控制变量 (u,v) 作用下所呈现的不同状态，也就是不同的公众风险感知水平 u 和政府行为管理水平 v 下环境群体性事件爆发状态或不爆发状态。如图 5-5 所示，平衡曲面图中 OA 和 OB 有一个平滑的折叠形成的折痕，平衡曲面被分为三个部分：OA 和 OB 中间所包括的区域为中叶，中叶以上的部分为上叶，中叶以下的部分为下叶。上叶表示环境群体性事件没有发生，下叶表示群体性事件发生，整个曲面由“不发生”向“发生”倾斜，说明随着公众风险感知水平的升高和差异的加大、政府行为管理水平的下降，环境群体性事件有爆发的趋势，折叠越向后越

窄，最后消失在三层汇合起来的点 O 上。曲线 OA 和 OB 为奇点集 S，分歧点集 B 为 OA 和 OB 在平面上的投影曲线 OA' 和 OB'。根据突变理论，系统处于上叶和下叶时属于稳定状态，系统处于中叶时属于不稳定状态，系统状态会在中叶发生突变现象。

5.4 环境敏感性重大工程社会稳定风险情景推演

5.4.1 重大工程社会稳定风险情景演化分析

重大工程项目对所在城市和区域的社会、经济和文化均产生重要影响，一方面可以带来明显的经济效益，另一方面也带来了诸如房屋拆迁、环境污染、失业、生活水平下降等负面影响和问题。这些涉及民众利益的问题如果处理不善，极易导致上访、游行、静坐等群体性突发事件的发生，致使社会不稳定的风险因素大大增加[86]。因此，重大工程社会稳定风险的产生往往是多种风险因素相互作用、在功能上彼此影响，达到一定程度致使社会系统状态失调的结果，简单来说，是在一定的社会环境下，公众基于对工程项目本身潜在环境风险的感知和政府行为管理失当这两个关键要素相互作用的结果。按照尖点突变的函数模型，环境群体性事件发生在系统的变化曲线经过中叶的过程中，此时对应在函数模型中，代表着系统的状态变量由稳定和安全状态逐步演化为失衡崩溃状态的过程[87]。

（1）当系统中公众风险感知和政府行为管理这两个控制变量只有一个状态不佳，另一个状态良好时，两者对应的状态变量路径不经过中叶的不稳定区域，系统功能虽然会发生恶化，但这种变化往往是相对稳定的，意味着势函数呈现光滑连续的变化，因此社会稳定风险缓慢变化，风险属于可接受范围。

（2）当系统中公众风险感知和政府行为管理这两个控制变量同时恶化时，两者的耦合会使系统状态发生改变，到达某一临界点时，系统状态就会失调，出现突变现象，即群体性突发事件的发生，意味着势函数呈现突变趋势，此时社会稳定风险将急剧增大，风险属于不可接受范围。

综上所述，环境敏感性重大工程社会稳定风险的状态变化与公众风险感知和政府行为管理两个控制变量的变化过程密切相关。系统状态的变化是由于控制变量在不同方向发生了变化，不同控制变量的运动路径发生些许改变,或者是同一控制变量在变化程度上存在些许差异,都有可能引起系统状态的改变,从而使得其呈现出完全不同的另一个状态。

鉴于环境敏感性重大工程的社会稳定风险是一个复杂的非线性系统,两个控制变量值不可能取 0,由此可以得到环境敏感性重大工程社会稳定风险尖点势函数结构模型的标准形式:

$$F(\mathrm{SR}) = (\mathrm{SR}-\mathrm{SR}_0)^4 + (M-M_0)(\mathrm{SR}-\mathrm{SR}_0)^2 + (P-P_0)(\mathrm{SR}-\mathrm{SR}_0) \tag{5-13}$$

式中,SR_0、M_0 和 P_0 是社会稳定系统固有的特征量,分别表示环境敏感性重大工程社会稳定风险、政府行为管理和公众风险感知在实际情况下的临界平衡量。当系统进行一般的定性分析时,可取 $\mathrm{SR}_0=0$,$M_0=0$,$P_0=0$,即一般形式;当进行具体的应用分析时,SR_0、M_0 和 P_0 的值应该根据具体的项目类型来确定。

5.4.2 重大工程社会稳定风险情景组合推演

根据上文中对临界平衡曲面、分叉集和奇点集之间函数的分析,可以绘制出重大工程社会稳定风险尖点突变模型分叉集,其图像为两条对称的半抛物状曲线。如图 5-6 所示,$\Delta=8u^3+27v^2$ 在分叉集下方,对应着社会系统结构不稳定性区域:$8u^3+27v^2=0$。

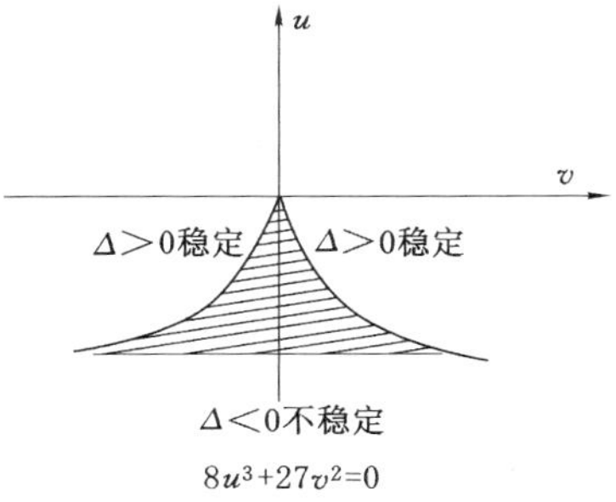

图 5-6 重大工程社会稳定风险尖点突变模型分叉集

由此,根据分叉集模型 $\Delta=8u^3+27v^2$ 的变化,就可以判断环境敏感性重大工程社会稳定风险是处于稳定区域还是处于不稳定区域。

(1) 当 $\Delta=8u^3+27v^2>0$ 时,根据 $F(x)=x^4+ux^2+vx$,此时重大工程项目社会稳定状态对应于图 5-5 的上叶区域或下叶区域,可以判断重大工程项目社会稳定风险处于稳定区域，即不发生突变。在这种状态下，社会公众的风险感知和情绪处于正常波动范围内，表明群体性事件不会爆发，为可接受区域。

(2) 当 $\Delta = 8u^3 + 27v^2 = 0$ 时，根据 $F(x) = x^4 + ux^2 + vx$，此时重大工程项目社会稳定状态对应于图 5-5 的褶皱边，重大工程项目社会稳定风险处于临界稳定区域。在这种状态下，$u < 0$，即公众的风险感知差异很大，若此时政府的行为管理水平 v 比较高，即 $|v|$ 足够大时，仍可使 $\Delta > 0$，则环境群体性事件不会爆发；若政府不作为，风险沟通不当，行为管理水平比较低，即 $|v|$ 不够大时，则 $\Delta < 0$，环境群体性突发事件就有爆发的可能[88]。

(3) 当 $\Delta = 8u^3 + 27v^2 < 0$ 时，根据 $F(x) = x^4 + ux^2 + vx$，此时重大工程项目社会稳定状态对应于图 5-5 的中叶区域，此时社会稳定风险处于不稳定区域，即发生突变，环境群体性事件爆发，社会系统发生不连续变化，此时的社会稳定风险处于不可接受区域。

根据对公众风险感知水平和政府行为管理水平这两个关键控制变量的情景演化分析，可以将环境敏感性重大工程社会稳定状态划分为稳定状态、临界稳定状态和不稳定状态三个区域，由此可得到重大工程社会稳定风险的情景组合，如表 5-2 所列。

表 5-2　重大工程社会稳定风险情景组合关系表

Δ 范围	情景	公众风险感知和政府行为管理关系
$\Delta > 0$	稳定状态	$-\frac{3}{2}(v^2)^{1/3} < u < 0$
$\Delta = 0$	临界稳定状态	$u = -\frac{3}{2}(v^2)^{1/3}$
$\Delta < 0$	不稳定状态	$u < 0, u < -\frac{3}{2}(v^2)^{1/3}$

5.5 环境敏感性重大工程社会稳定风险突变演化案例

根据上节建立的环境敏感性重大工程社会稳定风险尖点突变模型，本书以 2012 年 7 月 2 日在四川什邡发生的因钼铜项目建设引致的群体性突发事件为例，来阐述环境敏感性重大工程社会稳定风险的尖点突变演化情景和路径。

5.5.1　案例简介

根据相关媒体报道显示，四川什邡市宏达钼铜多金属资源深加工综合利用项目（以下简称“什邡宏达钼铜项目”）属于汶川地震灾后重建的重大产业支撑项目，也是四川省特色优势产业重大项目和“十二五发展规划”重点项目，投资额高达 104 亿元，是什邡市历史上第一个百亿级投资额项目。据相关媒体报道，此项目投产后年销售收入预计可达 500 亿元，可为当地创造年税收 40 多亿元，可提供 3 000 多个就业岗位，而且可以在很大程度上拉动当地相关产业的增长，具有巨大的经济效益。该项目在 2012 年 3 月通过了国家相关环保审批，并于当年 6 月 29 日举行了开工典礼。然而，由于担心正在上马的钼铜项目建设将引发环境污染，从 7 月 1 日晚至 7 月 2 日上午，什邡当地近千名民众聚集在市委、市政府门口，强烈抵制钼铜项目在当地建设，部分情绪激动者暴力冲击市委机关并砸毁了部分公共财物，聚集民众与维和武警爆发了冲突，维和武警使用催泪弹和震爆弹强行驱散聚集民众，事件造成包括群众、执勤民警和机关工作人员在内的多名人员受伤，严重影响了当地社会稳定，造成了恶劣的社会影响。

5.5.2　控制变量选择

根据前文中对突变理论的介绍，可以得知，运用尖点突变模型研究社会稳定风险的突变，首先需要准确确定模型的两个控制变量，这样才能准确分析控制变量和状态变量之间的相互制约关系。根据本书构建的环境敏感性重大工程社会稳定风险尖点突变模型，状态变量是社会稳定系统，控制变量分别是公众风险感知（u）和政府行为管理（v）。

在什邡宏达钼铜项目群体性突发事件中，从项目审批筹划直至开工，当地民众一直对其存在环保安全的忧虑。虽然在钼铜项目落实的过程中，当地政府也做了相应的前期信息沟通工作，但是当地民众并没有作为有效主体参与到项目的论证和决策之中，项目有关信息，尤其是环保信息不公开、不透明，公众参与不足，公众知情权没有得到保障，才会造成社会恐慌和焦虑情绪，导致其风险感知比较高。而政府行为管理水平不足、风险沟通不当、回应不及时、应对措施不科学也是导致此次事件爆发的重要原因。早在2012年4月27日，就有网友在QQ空间发表题为“什邡，不久的将来或是全球最大的癌症县”的日志，矛头直指宏达钼铜项目的环境污染问题，此日志遭到大量转载，钼铜项目污染问题也成为QQ空间、QQ群、天涯社区、凯迪社区和微博的讨论热点，当地越来越多的民众知道了这个项目可能带来的环境污染问题，表达了对该项目的深深疑虑和抵制情绪，表现出了强烈的风险感知，然而这并没有引起政府足够的重视。5月15日，当地民众在官方网站“什邡之窗”质疑宏达钼铜项目的环境污染问题，当地政府的回复是“交由环保局处理”，态度傲慢冷漠，民众顾虑迟迟没有打消。6月29日，什邡宏达钼铜项目在当地民众的一片质疑声中如期开工。6月30日，当地十几名市民到什邡市委集中上访，仍然没有引起当地政府部门的足够重视，也没有展开风险沟通来打消民众疑虑，直至爆发了轰动一时的什邡钼铜暴力群体性突发事件。

5.5.3 尖点突变演化分析

将什邡当地民众的风险感知（u）和政府行为管理（v）作为控制变量来对什邡钼铜项目群体性突发事件进行尖点突变演化分析，建立的模型如图5-7所示。

图5-7中，平衡曲面的上叶和下叶分别反映了社会系统处于不同的平衡状态。在平衡曲面上，上叶和下叶是稳定状态区，系统状态在中叶会发生非连续变化，因此中叶是不稳定状态区。从上叶到下叶或者从下叶到上叶，系统的熵态可能发生突变，社会系统从一种状态突跃到另一种状态。整个曲面由“不发生”向“发生”倾斜，说明随着公众风险感知水平的升高和差异的加大、政府行为管理水平的下降，环境群体性事件有爆发的趋势，折叠越向后越窄，最后消失在三层汇合起来的点O上。图5-7中曲线ABC和$AB'C'$分别表示在公众风险感知因素（u）和政府行为管理因素（v）的共同作用下，系统熵态x发生变化的过程。图5-7中曲线$AB'C'$反映了什邡钼铜事件突变的全过程，近年来国内频繁发生的重金属污染案件和网络上大肆传播的关于“钼铜项目将会致癌”“严重污染环境”的言论已经将什邡民众对钼铜项目的风险感知推向一个顶峰，此时当地政府对网友关于钼铜项目污染环

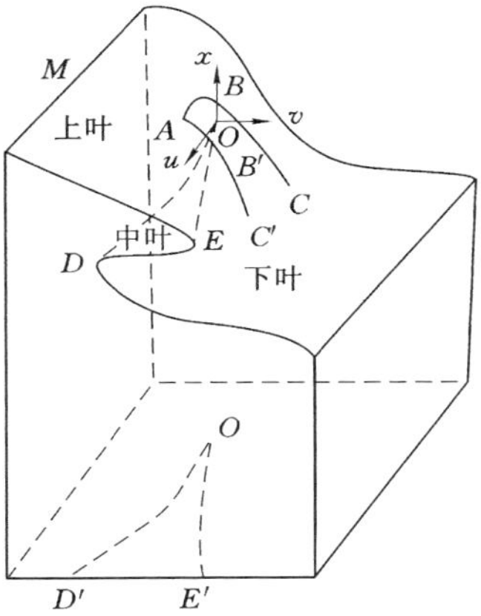

图 5-7　什邡钼铜事件致因尖点突变模型

境的质疑的冷漠回复没能打消民众的疑虑，社会稳定系统状态（ x ）在公众风险感知因素（ u ）和政府行为管理因素（ v ）的共同作用下已经到达 AB'，如果此时当地政府能够及时回应公众质疑，满足其利益诉求，加强信息公开，扩大公众参与，安抚其不安和恐惧情绪，及时化解矛盾，就能在很大程度上避免事态的继续恶化，将群体性突发事件遏制在萌芽期。然而，由于当地政府回应不足，风险沟通不当，没能及时对网络舆情进行预警预控，随着什邡宏达钼铜项目的如期隆重开工，当地民众的忧惧和愤怒情绪达到阈值，最后爆发了暴力群体性突发事件，社会稳定系统状态 (x) 发生突变，实现了 $B' \rightarrow C'$ 的突跳，系统状态处于平衡曲面的中叶不稳定区域。

5.6　本章小结

本章主要通过对突变现象的介绍及突变理论的分析，阐述了突变现象的基本特征，介绍了 7 种初等突变类型，着重分析了将其理论用于环境敏感性重大工程社会稳定风险分析的适用性，又进一步根据突变理论的要求，确立合理的控制变量和状态变量，构建了环境敏感性重大工程社会稳定风险尖点突变势函数结构模型，同时推导出系统结构处于 3 种状态下的分叉集方程，并对环境敏感性重大工程社会稳定风险演化模式进行了推演，分析了当系统状态处于稳定区域、临界稳定区域和不稳定区域时，公众风险感知和政府行为管理水平之间的关系，从而得到环境敏感性重大工程社会安全风险情景组合表，并选取四川什邡钼铜项目群体性事件作为案例进行了尖点突变模型分析，不仅能够清晰展示环境敏感性重大工程社会稳定风险治理中的薄弱环节，还为研究环境敏感性重大工程项目社会稳定风险的量化模型提供了理论基础。

第6章

重大工程社会稳定风险量化模型设计

6.1 突变级数法简介

6.1.1 突变级数法的优点

根据上文对突变理论和突变模型的分析可知,突变理论虽然涉及较深奥的数学知识,但其应用模型相对简单易懂,只要根据已经归纳出的几种初等突变模型,确定合适的状态变量和控制变量,分析、了解突变现象和剖析支配系统的动力学就变得比较容易,这为研究分析和评价重大环境工程项目的社会稳定风险提供了新的路径和方法。

突变级数法又称为突变模糊隶属函数法,是将突变理论与模糊数学结合起来的一种定性与定量相结合的评价方法,其优点是在不需要对各指标进行赋权的条件下,确定各指标之间的相对重要度,既减少了评价过程中的主观人为性,又保证了评价的科学性和合理性,且该方法操作简单、计算准确,对于系统的定量评价有很好的适用性,适用于多目标的评价与决策,应用范围广泛,并被誉为继微积分后数学史上的一次革命。

环境敏感性重大工程使项目建设区资源、环境、人口等之间的原有平衡关系发生震荡,也可能会引起周围地区人地关系、生态系统发生突变,使得周围地区生产、生活等社会经济系统重新架构。因此,环境敏感性重大工程项目上马和建设前后社会稳定系统的变化是一个突变过程,而突变理论能直接处理不连续性且不联系任何特定的内在机制,所以它为重大环境工程项目社会稳定风险评价研究提供了新的方法和工具。

6.1.2 突变级数法基本步骤

突变级数法是在突变理论的基础上发展而来的，由于该方法汲取了模糊综合评价法的优点，其评价步骤也有相应的改变。根据前述突变理论的内涵和要求，本书建立了基于突变理论的环境敏感性重大工程社会稳定风险评价的具体步骤。

（1）构建系统评价指标体系。

实施突变级数评价法的第一步就是构建一套科学合理的指标体系。根据前文所述，环境敏感性重大工程社会稳定风险的形成往往是由多重因素共同作用、互相影响的结果，属于复杂问题的综合评价研究，所以要根据其复杂系统的相互作用耦合机理，合理选择能描述和反映其整个系统状态的相应指标。同时，由于常用的几种突变模型中控制变量的数目一般不超过4个，而实际的综合评价问题中评价对象的评价指标数目可能较多，因此，对指标体系也要进行相应的优化和筛选处理。

（2）规范化处理底层指标。

根据突变理论，控制变量的数目决定着隶属函数的类型，由于复杂目标的评价指标体系包含不同类型的指标，各评价指标取值范围和度量单位都存在巨大差异，所以，必须先规范化处理各底层指标数据，使其转化到同一范围内，使其变成无量纲的可比较数值，以消除量纲不同对评价结果造成的影响。底层指标一般包括定性指标和定量指标。对于属于定性的底层指标，通常是运用模糊数学方法，将其原始数据值转化为[0,1]的无量纲可比较数值，也即突变模糊隶属值。对属于定量的底层指标，一般可根据极大极小值法进行数据处理。

（3）评价指标的归一计算。

在几种初等突变模型中，由于各控制变量和状态变量的取值范围不一致，无法直接进行计算，所以需要按照初等突变模型中确定的归一公式对各状态变量和控制变量进行归一计算。归一计算是突变级数法的关键计算步骤，也是该种评价方法的独特之处。它和其他普通意义上的归一化计算不同，其本质是一个求多维隶属函数的简化计算方式，即将有量纲的表达式经过变换，转化为无量纲的表达式，成为标量，使其可以直接使用相应突变模型的归一公式进行综合量化递归计算。

(4) 评价标准的确定。

在评价标准的确定方面，本书按照 ALARP 原则确立社会稳定风险可接受水平，并由此制定环境敏感性重大工程社会稳定风险评价分级标准。

(5) 综合量化评价。

根据已经构建好的评价指标体系，选择适用的初等突变模型，利用其对应的归一计算公式，对规范好的原始数据进行递归运算，从而获得评价目标的综合评价值。按照已经确立的社会稳定风险评价分级标准，将得到的社会稳定风险总评价值与之进行比较和分析，并简要提出相应的管控措施和应急方案。

6.2　评价指标体系构建

6.2.1　指标体系构建规则

构建评价指标体系的第一步是要确定其指标的集的组成规则。为了使构建的指标体系具有客观合理性和科学实用性，该体系结构必须满足两个条件：首先，必须从不同角度对社会稳定风险状态评价的内在关联因素加以分析，使评价体系内部结构更加合理。其次，构建的评价指标体系作为政府相关部门决策人员对环境敏感性重大工程社会稳定风险研判的一种分析工具，需要具备对环境敏感性重大工程社会稳定状态的变化做出动态决策调整和迅速应对与管控的功能。根据此原则，本书对在第 5 章中识别出的引致环境敏感性重大工程群体性突发事件的 13 个主要影响因素，运用因子分析法进行关键因子萃取，根据因子分析法进行 KMO 及 Bartlett 球形检验，得到 KMO＝0. 837，Bartlett 球形检验度近似卡方为 1 673. 052，解释变异量为 65. 758％。通过因素分析法进行指标优选之后，再借鉴众多学者已有研究结果，依照基于突变理论所需的突变模型要求进行分类别分层次处理，得到环境敏感性重大工程社会稳定风险评价模型，如图 6-1 所示。

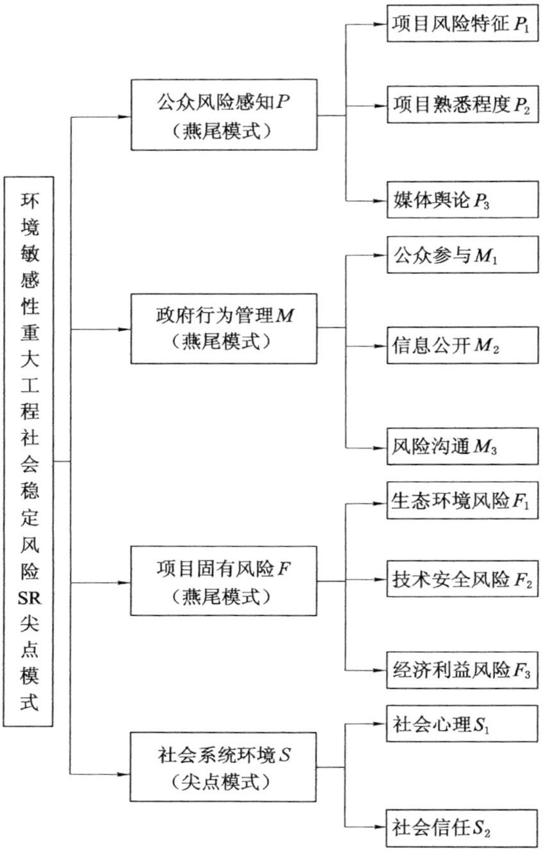

图 6-1　基于突变级数法的环境敏感性重大工程社会稳定风险评价模型

6.2.2　底层指标重要排序

图 6-1 显示的是环境敏感性重大工程社会稳定风险评价模型，评价指标只显示到二级指标，还需要细化到具体的可衡量的定性和定量的三级底层指标。根据突变级数法的要求，需要对底层各评价指标进行重要性排序。在进行指标重要性排序时，本书主要采用专家打分法。专家打分法是将各评价指标制成调查问卷，邀请相关领域各专家对指标进行打分，根据打分结果进行处理和统计，最后得到各评价指标的重要性排序。

本次调查共发放 35 份调查问卷，回收 32 份，经与专家讨论分析，得到

30 组有效数据，调查问卷见附录一。针对回收到的有效调查问卷中各专家打分情况，建立各影响因素的主观判断矩阵 **A**，并对其进行一致性检验。

设矩阵 **A** 的最大特征根为 λ_{max}，有：

$$CI = \frac{\lambda_{max} - n}{n - 1} \tag{6-1}$$

式中，CI 为一致性指标。

利用软件 MATLAB 计算判断矩阵的最大特征根 λ_{max} 为 5.107 4，CI 为 0.024，一致性可以接受。整理和统一调查表，其各层次指标专家打分结果如表 6-1～表 6-8 所列，分数较多者重要性靠前。

表 6-1　媒体舆论子指标重要性专家打分结果统计

指标	传播热度	态度倾向	组织化程度
分值	88	119	97

由表 6-1 可以得出，媒体舆论子指标重要性排序结果为：态度倾向＞组织化程度＞传播热度。

表 6-2　生态环境风险子指标重要性专家打分结果统计

指标	环境污染严重度	生态破坏严重度	资源掠夺严重度
分值	139	116	78

由表 6-2 可以得出，工程项目生态环境风险子指标重要性排序结果为：环境污染严重度＞生态破坏严重度＞资源掠夺严重度。

表 6-3　技术安全风险子指标重要性专家打分结果统计

指标	安全管理机构设置	安全管理制度	安全投入	安全生产责任制
分值	60	77	98	102

由表 6-3 可以得出，技术安全风险子指标重要性排序结果为：安全生产责任制＞安全投入＞安全管理制度＞安全管理机构设置。

表 6-4　经济利益风险子指标重要性专家打分结果统计

指标	补偿满意度	收入变化情况	补偿合理性
分值	108	93	67

由表 6-4 可以得出，经济利益风险子指标重要性排序结果为：补偿满意度＞收入变化情况＞补偿合理性。

表 6-5　公众参与子指标重要性专家打分结果统计

指标	参与广度	参与深度	参与时间	参与方式
分值	137	114	109	98

由表 6-5 可以得出，公众参与子指标重要性排序结果为：参与广度＞参与深度＞参与时间＞参与方式。

表 6-6　风险沟通子指标重要性专家打分结果统计

指标	沟通的双向性	沟通的平等性	沟通的及时性	沟通的真诚性
分值	137	114	109	98

由表 6-6 可以得出，风险沟通子指标重要性排序结果为：沟通的双向性＞沟通的平等性＞沟通的及时性＞沟通的真诚性。

表 6-7　社会心理子指标重要性专家打分结果统计

指标	公众满意度	公众容忍度
分值	78	94

由表 6-7 可以得出，社会心理子指标重要性排序结果为：公众容忍度＞公众满意度。

表 6-8　社会信任子指标重要性专家打分结果统计

指标	对政府信任度	对项目运营方信任度	对环评专家/机构信任度
分值	138	90	119

由表 6-8 可以得出，社会信任子指标重要性排序结果为：对政府信任度＞对环评专家/机构信任度＞对项目运营方信任度。

通过对底层评价指标的重要度排序，根据构建的环境敏感性重大工程社会稳定风险评价模型，最终得到环境敏感性重大工程社会稳定风险评价指标体系，如表 6-9 所列。

表 6-9　环境敏感性重大工程社会稳定风险评价指标体系

	一级指标	二级指标	三级指标
环境敏感性重大工程社会稳定风险评价指标体系	公众风险感知 P	项目风险特征 P_1	危害判断 P_{11}
			情绪 P_{12}
		项目熟悉程度 P_2	风险知识掌握情况 P_{21}
			宣传沟通 P_{22}
		媒体舆论 P_3	传播热度 P_{31}
			态度倾向 P_{32}
			组织化程度 P_{33}
	政府行为管理 M	公众参与 M_1	参与广度 M_{11}
			参与深度 M_{12}
			参与时间 M_{13}
			参与方式 M_{14}
		信息公开 M_2	公开内容的丰富性 M_{21}
			公开内容的可靠性 M_{22}
			公开方式的多样性 M_{23}
			公开方式的互动性 M_{24}
		风险沟通 M_3	沟通的双向性 M_{31}
			沟通的平等性 M_{32}
			沟通的及时性 M_{33}
			沟通的真诚性 M_{34}
	项目固有风险 F	生态环境风险 F_1	环境污染情况 F_{11}
			生态破坏情况 F_{12}
			资源掠夺情况 F_{13}
		技术安全风险 F_2	安全管理机构设置情况 F_{21}
			安全生产责任制情况 F_{22}
			安全管理制度情况 F_{23}
			安全投入情况 F_{24}

表 6-9(续)

环境敏感性重大工程社会稳定风险评价指标体系	一级指标	二级指标	三级指标
	项目固有风险 F	经济利益风险 F_3	补偿满意度 F_{31} 收入变化情况 F_{32} 补偿合理性 F_{33}
	社会系统环境 S	社会心理 S_1	公众满意度 S_{11} 公众容忍度 S_{12}
		社会信任 S_2	对政府信任度 S_{21} 对项目运营方信任度 S_{22} 对环评专家 / 机构信任度 S_{23}

6.3 底层评价指标的无量纲化

6.3.1 底层指标无量纲化的规则

由于底层指标是影响社会稳定系统的不同维度的因素，因此底层指标原始数据的计量单位和属性是千差万别的，不能直接用来进行比较。所以，在根据突变级数法进行归一计算时，须对各项底层指标原始数据进行无量纲规范化处理，使其转化为同一度量区间，根据不同类型转化为越大越好型(或越小越好型)的无量纲值。

6.3.1.1 定性指标的无量纲化处理

对于难以定量化处理的定性指标，无量纲化处理办法就是根据模糊数学的相关理论，先对定性指标用较为简单的模糊评语来描述，然后根据对其评分值进行赋值，最后计算各个评价结果的隶属度。设指标集为 $U = \{u_1, u_2, u_3, \cdots, u_n\}$；模糊评语集为 $V = \{v_1, v_2, v_3, v_4, v_5\}$，分别表示好、较好、一般、较差、差；评价结果集为 $W = \{w_1, w_2, w_3, w_4\}$，分别代表优、良、中、差。这些模糊评语通过一个隶属函数被定义在一个与特定条件相关的类集上，研究中这个类集的个数一般不超过 7 个，所以模糊评语好、较好、一般、较差、差的隶属度如表 6-10 所列，评价结果优、良、中、差的隶属度如表 6-11 所列。

表 6-10　模糊评语的隶属度

V	1	2	3	4	5	6	7
好(v_1)	0.25	1	0.75	0	0	0	0
较好(v_2)	0	0.25	1	0.75	0	0	0
一般(v_3)	0	0	0.5	1	0.5	0	0
较差(v_4)	0	0	0	0.75	1	0.25	0
差(v_5)	0	0	0	0	0.75	1	0.25

表 6-11　评价结果的隶属度

W	1	2	3	4	5	6	7
优(w_1)	1	0.75	0	0	0	0	0
良(w_2)	0	0.25	1	0.5	0	0	0
中(w_3)	0	0	0	0.5	1	0.25	0
差(w_4)	0	0	0	0	0.5	1	0.25

根据表 6-10 和表 6-11，定义指标 u_n 的模糊评语 v_i 到每个评价结果 w_k 的隶属度函数为：

$$X_n^*(w_k) = \frac{\sum_{m=1}^{7} \min(v_{i^m}, w_{k^m})}{\sum_{m=1}^{7} \max(v_{i^m}, w_{k^m})} \quad (k = 1,2,3,4) \tag{6-2}$$

式中，m 为模糊综合评价法中类集的个数，一般不超过 7。

对该式进行归一化，得到模糊评语隶属于评价结果集的各等级程度为：

$$D_n = \sum_{k=1}^{4} X_n(w_k) \cdot T_n(w_k) \tag{6-3}$$

$$X_n(w_k) = \frac{X_n^*(w_k)}{\sum_{k=1}^{4} X_n^*(w_k)} \tag{6-4}$$

设评价结果集的效用值为 $T_n(w_k) = \{t(w_1), t(w_2), t(w_3), t(w_4)\}$，其取值范围为$[0,1]$，根据效用值可计算某一指标的评价值，即定性指标对应的初始模糊隶属函数值为：

$$Y_n = \sum_{k=1}^{4} X_n(w_k) \cdot T_n(w_k) \tag{6-5}$$

6.3.1.2 定量指标的处理

对于定量指标的规范化处理，通常是用极大极小变换法将指标转化为正向指标（越大越好型）或逆向指标（越小越好型）的数据[12]。

指标值越大风险越小的极大型变量根据下式进行处理：

$$y_j = \frac{x_j - x_j^{\min}}{x_j^{\max} - x_j^{\min}} \tag{6-6}$$

指标值越小风险越小的极小型变量根据下式进行处理：

$$y_j = \frac{x_j^{\max} - x_j}{x_j^{\max} - x_j^{\min}} \tag{6-7}$$

式中，x_j 为原始指标值；$x_j^{\max}$ 为指标的最大值；$x_j^{\min}$ 为指标的最小值；y_j 为经变换后的指标值。

6.3.2 总突变级数的确定

对底层指标原始数据进行无量纲化后，就根据选取的突变模型的归一化公式，计算出各层指标的突变级数值，再逐层向上进行各级指标递归运算，最后就可以得到环境敏感性重大工程社会稳定风险的总突变级数。

在对各层指标进行逐级计算前，还需按照突变级数法的要求，确定每层各指标间的互补关系原则或非互补关系原则。

互补关系原则一般指如果系统各控制变量之间存在着明显的关联作用，可以相互弥补彼此不足，这时总突变级数值为各层级突变级数值的平均值，比如：

$$\mathrm{SSR} = \frac{1}{4}(P^i + M^j + F^k + S^p), \{i, j, k, p\} = \left\{\frac{1}{2}, \frac{1}{3}, \frac{1}{4}, \frac{1}{5}\right\} \tag{6-8}$$

式中，SSR 为社会稳定风险值；P、M、F、S 分别表示公众风险感知、政府行为管理、项目固有风险、社会系统环境的突变级数值。

非互补关系原则是指如果系统各控制变量之间无法相互取代，即相互之间无法弥补彼此的不足，这时总突变级数值就为各层级突变级数值的最小值，比如：

$$\mathrm{SSR} = \min(P^i, M^j, F^k, S^p), \{i,j,k,p\} = \left\{\frac{1}{2}, \frac{1}{3}, \frac{1}{4}, \frac{1}{5}\right\} \tag{6-9}$$

根据对环境敏感性重大工程社会稳定风险评价指标体系所属结构类型和内在关系的分析，确立了各层级指标之间的相互作用关系，如表 6-12 所列。

表 6-12　各层级原则选取

社会稳定风险层级	原则选取
第一层(P,M,F,S)	互补关系
第二层(P_1,P_2,P_3)	互补关系
第二层(M_1,M_2,M_3)	互补关系
第二层(F_1,F_2,F_3)	非互补关系
第二层(S_1,S_2)	互补关系
第三层(P_{11},P_{12})	互补关系
第三层(P_{21},P_{22})	互补关系
第三层(P_{31},P_{32})	互补关系
第三层($M_{11},M_{12},M_{13},M_{14}$)	互补关系
第三层($M_{21},M_{22},M_{23},M_{24}$)	互补关系
第三层($M_{31},M_{32},M_{33},M_{34}$)	互补关系
第三层(F_{11},F_{12},F_{13})	互补关系
第三层($F_{21},F_{22},F_{23},F_{24}$)	非互补关系
第三层(F_{31},F_{32},F_{33})	互补关系
第三层(S_{11},S_{12})	互补关系
第三层(S_{21},S_{22},S_{23})	非互补关系

6.3.2.1　公众风险感知评价模型

根据构建的评价指标体系和各层级指标相互之间的关系原则，可以获得项目风险特征(P_1)、项目熟悉程度(P_2)、媒体舆论(P_3)三者的评价模型，如下所示：

$$P_1 = \frac{1}{2}(P_{11}^i + P_{12}^j), \{i,j\} = \left\{\frac{1}{2}, \frac{1}{3}\right\} \tag{6-10}$$

$$P_2 = \frac{1}{2}(P_{21}^i + P_{22}^j), \{i,j\} = \left\{\frac{1}{2}, \frac{1}{3}\right\} \tag{6-11}$$

$$P_3 = \frac{1}{2}(P_{31}^i + P_{32}^j), \{i,j\} = \left\{\frac{1}{2},\frac{1}{3}\right\} \tag{6-12}$$

根据式(6-10)～式(6-12),可以获得公众风险感知的评价模型为:

$$P = \frac{1}{3}(P_1^i + P_2^j + P_3^k), \{i,j,k\} = \left\{\frac{1}{2},\frac{1}{3},\frac{1}{4}\right\} \tag{6-13}$$

式中,P 为公众风险感知的突变级数值;P_1 为公众风险感知的二级指标"项目风险特征"的突变级数值;P_{11},P_{12} 分别为"项目风险特征"的三级指标的无量纲化原始数据;P_2 为公众风险感知的二级指标"项目熟悉程度"的突变级数值;P_{21},P_{22} 分别为"项目熟悉程度"的三级指标的无量纲化原始数据;P_3 为公众风险感知的二级指标"媒体舆论"的突变级数值;P_{31},P_{32} 分别为"媒体舆论"的无量纲化原始数据。

6.3.2.2 政府行为管理评价模型

分别得到公众参与(M_1)、信息公开(M_2)和风险沟通(M_3)三者的评价模型如下:

$$M_1 = \frac{1}{4}(M_{11}^i + M_{12}^j + M_{13}^k + M_{14}^p), \{i,j,k,p\} = \left\{\frac{1}{2},\frac{1}{3},\frac{1}{4},\frac{1}{5}\right\} \tag{6-14}$$

$$M_2 = \frac{1}{4}(M_{21}^i + M_{22}^j + M_{23}^k + M_{24}^p), \{i,j,k,p\} = \left\{\frac{1}{2},\frac{1}{3},\frac{1}{4},\frac{1}{5}\right\} \tag{6-15}$$

$$M_3 = \frac{1}{4}(M_{31}^i + M_{32}^j + M_{33}^k + M_{34}^p), \{i,j,k,p\} = \left\{\frac{1}{2},\frac{1}{3},\frac{1}{4},\frac{1}{5}\right\} \tag{6-16}$$

由此,可以得到政府行为管理因素的评价模型为:

$$M = \frac{1}{3}(M_1^i + M_2^j + M_3^k), \{i,j,k\} = \left\{\frac{1}{2},\frac{1}{3},\frac{1}{4}\right\} \tag{6-17}$$

式中,M 为政府行为管理因素的突变级数值;M_1 为政府行为管理因素"公众参与"的突变级数值;M_{11},M_{12},M_{13},M_{14} 分别为"公众参与"的三级指标的无量纲化原始数据;M_2 为政府行为管理因素的二级指标"信息公开"的突变级数值;M_{21},M_{22},M_{23},M_{24} 分别为"信息公开"的三级指标的无量纲化原始数据;M_3 为政府行为管理因素的二级指标"风险沟通"的突变级数值;M_{31},M_{32},M_{33},M_{34} 分别为"风险沟通"的三级指标的无量纲化原始数据。

6.3.2.3　项目固有风险评价模型

分别得到生态环境风险（F_1）、技术安全风险（F_2）、经济利益风险（F_3）三者的评价模型如下：

$$F_1 = \frac{1}{3}(F_{11}^i + F_{12}^j + F_{13}^k),\{i,j,k\} = \left\{\frac{1}{2},\frac{1}{3},\frac{1}{4}\right\} \tag{6-18}$$

$$F_2 = \min(F_{21}^i, F_{22}^j, F_{23}^k, F_{24}^p),\{i,j,k,p\} = \left\{\frac{1}{2},\frac{1}{3},\frac{1}{4},\frac{1}{5}\right\} \tag{6-19}$$

$$F_3 = \frac{1}{3}(F_{31}^i + F_{32}^j + F_{33}^k),\{i,j,k\} = \left\{\frac{1}{2},\frac{1}{3},\frac{1}{4}\right\} \tag{6-20}$$

式中，F 为项目固有风险的突变级数值；F_1 为项目固有风险“生态环境风险”的突变级数值；F_{11}，F_{12}，F_{13} 分别为“生态环境风险”的三级指标的无量纲化原始数据；F_2 为项目固有风险的二级指标“技术安全风险”的突变级数值；F_{21}，F_{22}，F_{23}，F_{24} 分别为“技术安全风险”的三级指标的无量纲化原始数据；F_3 为项目固有风险的二级指标“经济利益风险”的突变级数值；F_{31}，F_{32}，F_{33} 分别为“经济利益风险”的三级指标的无量纲化原始数据。

由此，可以得到项目固有风险的评价模型为：

$$F = \min(F_1^i, F_2^j, F_3^k),\{i,j,k\} = \left\{\frac{1}{2},\frac{1}{3},\frac{1}{4}\right\} \tag{6-21}$$

6.3.2.4　社会系统环境评价模型

分别得到社会心理（S_1）、社会信任（S_2）两者的评价模型如下：

$$S_1 = \frac{1}{2}(S_{11}^i + S_{12}^j),\{i,j\} = \left\{\frac{1}{2},\frac{1}{3}\right\} \tag{6-22}$$

$$S_2 = \min(S_{21}^i, S_{22}^j, S_{23}^k),\{i,j,k\} = \left\{\frac{1}{2},\frac{1}{3},\frac{1}{4}\right\} \tag{6-23}$$

由此，可以得到社会系统环境的评价模型为：

$$S = \frac{1}{2}(S_1^i + S_2^j),\{i,j\} = \left\{\frac{1}{2},\frac{1}{3}\right\} \tag{6-24}$$

式中，S 为社会系统环境的突变级数值；S_1 为社会系统环境“社会心理”的突变级数值；S_{11}，S_{12} 分别为“社会心理”的三级指标的无量纲化原始数据；S_2 为社会系统环境的二级指标“社会信任”的突变级数值；S_{21}，S_{22}，S_{23} 分别为“社会信任”的三级指标的无量纲化原始数据。

6.3.2.5 综合评价模型

由以上确定的各风险子系统评价模型，可得到基于突变级数法的环境敏感性重大工程社会稳定风险综合评价模型：

$$SSR = \frac{1}{4}(P^i + M^j + F^k + S^p),\{i,j,k,p\} = \left\{\frac{1}{2},\frac{1}{3},\frac{1}{4},\frac{1}{5}\right\} \tag{6-25}$$

式中，SSR 为环境敏感性重大工程社会稳定风险的综合评价值；P 为公众风险感知的突变级数值；M 为政府行为管理的突变级数值；F 为项目固有风险的突变级数值；S 为社会系统环境的突变级数值。

6.4 环境敏感性重大工程社会稳定风险可接受准则

根据《国家发展改革委重大固定资产投资项目社会稳定风险评估暂行办法》和 ALARP 原则，本书设置环境敏感性重大工程社会稳定风险的等级为Ⅰ、Ⅱ、Ⅲ、Ⅳ 4 个等级，分别代表高风险、中风险、较低风险和低风险，其中高风险为不可接受的风险，中风险和较低风险处于 ALARP 区，低风险为可接受风险，如表 6-13 所列。

表 6-13 环境敏感性重大工程社会稳定风险可接受准则

分值	风险等级	接受水平	风险描述
$(0,SSR_1)$	Ⅰ	高风险(不可接受)	大部分民众对项目有意见、反应特别强烈，可能引发大规模群体性事件，风险不可接受
$[SSR_1,SSR_2]$	Ⅱ	中风险(不期望接受)	大部分民众对项目有意见，一定情况下可能引发矛盾冲突，风险不期望接受
$(SSR_2,SSR_3]$	Ⅲ	较低风险(有条件接受)	部分民众对项目有意见、反应强烈，可能引发矛盾冲突，风险有限可接受
$(SSR_3,1)$	Ⅳ	低风险(可接受)	多数民众理解支持但少部分人对项目有意见，通过有效工作可防范和化解矛盾，风险可接受

由于社会稳定风险值是个相对概念和指标，评价对象的差异、应用的时间背景和空间背景的不同，都会导致其可接受准则的确定标准存在差异。所以，政府相关决策部门及评价人员在进行社会稳定风险高低的评估时，应该根据重大工程项目的具体类型和特点，依照国家以及行业相应、相关的法

规、制度、标准等，具体情况具体分析，遵循灵活动态原则，科学合理地设定 SSR_1、SSR_2 和 SSR_3 的值并及时、适时进行更新和完善。

6.5　本章小结

在上一章对环境敏感性重大工程社会稳定风险的突变特征进行分析后，本章引入了突变理论的评价方法——突变级数法，介绍了突变级数法的主要优点和基本要求，并根据前文中对环境敏感性重大工程的公众风险感知因素、政府行为管理因素、项目固有风险因素和社会系统环境等“4M”要素的分析，再运用因子分析法对关键因素进行优选，从而获得了环境敏感性重大工程社会稳定风险的突变评价模型。在底层指标的选取上，结合收集的实际数据并借鉴相关已有研究成果，构建了适合突变级数法的评价指标体系，并在此基础上构建了环境敏感性重大工程社会稳定风险综合评价模型，分析了社会稳定风险的可接受准则。

第7章 重大工程社会稳定风险评价实证研究

7.1 工程项目简介

南阳核电站是河南省首个核电站，是属于中国自主研发、设计和建设的百万伏交流输变电项目，是晋东南—南阳—荆门特高压试验示范工程中的最重要部分。该重大工程北起山西的晋东南变电站，经河南南阳开关站，南至湖北的荆门变电站，线路全长 640 km，变电容量 2×300 万 kV·A，连接华北、华中电网，横贯山西、河南、湖北三省。南阳开关站采用 HGIS 设备、双母线双断路器接线，装设两组 3×240 MV 高抗，装载百万千瓦级 AP1000 型核电机组，项目一期规划建设 2 台核电机组，远期规划建设 6 台核电机组。按照规划，每台核电机组投资 140 亿元，总投资额超过 800 亿元。该重大工程项目自 2003 年开始启动，是中核集团公司近年来重点推动的核电项目，还被列入国家核电中长期发展规划。项目建设工期预计 5 年，项目建成后的经济效益据有关方面报道非常可观，每年创造的税收可高达26 亿元。该核电站厂址保护道路已于 2015 年通车，原本一期工程计划于 2016 年投产，由于 2011 年 3 月日本发生福岛核电站事故，国家相关部门立即紧急叫停了所有内陆核电站项目的建设，所以此项目目前还未进行开工建设。

7.1.1 项目建设范围

根据相关网站公开资料，南阳核电站规划地址位于南阳市鸭河工区鸭河口水库南岸，距南阳市市政府约 30 km，距郑州市市区约 183 km。项目筹建时，南召县云阳镇是距离该项目厂址最大的城镇，居住人口大约18 652人。南阳市区是距离该项目厂址最大的人口中心，常住人口约100万人。石门村是距离该项目厂址最近的千人以上的村镇，常住人口约3 000人。

7.1.2　项目周边资源环境情况

根据相关网站及公开资料，该核电站项目筹建时期，距离项目厂址15 km半径范围内大中型企业很少，项目厂址周边的工业企业主要是建材、发电和花生加工等行业，鸭河口火电厂是当时周边规模最大的一家工业企业。根据相关专家计算，该项目厂址周边危险源数量少、规模小，不会威胁到核电站的建设和运行。而且该项目厂址位于河南省西南部，属于伏牛山南麓山脉，处于鸭河口水库西南岸。该水库位于南召县境内的白河上游段，同时也属长江中游最大的支流汉江流域，是河南省蓄水量最大的水库之一，水库总容量大约13.16亿m^3，面积3 030多平方千米，占白河总集水面积的将近四分之一，是一座以防洪、灌溉为主，发电和养殖等综合利用的大型水库，同时也是南阳市城区居民生活用水的主要水源地，对南阳市的经济发展和人民生活起着重要战略作用。近年来，随着地方工农业生产的发展、城市人口的增加以及生态环境的恶化，鸭河口水库有限的水资源已经渐渐满足不了南阳市居民的用水需求，供需矛盾日益严重，而且鸭河口水库的水文环境状况也在日趋恶化[89]。

7.2　工程项目社会稳定风险状况

7.2.1　工程项目环境影响及防护

根据南阳市政府相关网站及大河论坛相关网站资料显示，该核电站项目的环境影响评价结论主要有以下几点：第一，核电站项目符合当地规划，有充分的建设必要性。第二，项目选址环境特征中不存在建设的颠覆性因素。第三，该工程项目建设期间的环境影响在可接受范围内。第四，该工程项目投产以后正常运行期间产生的相关的放射性环境影响符合国家相关标准的规定，不会对环境和周边居民造成损害。第五，该核电站正常运行期间非放射性的环境影响也是在可接受范围内。第六，该项目厂址不存在影响项目应急计划执行的颠覆性因素。综上所述，无论是从自然条件还是社会条件来分析，该核电站选址条件都是科学合理的。相关网站还公开了该项目在前期施工建设中对环境的影响及打算和已经采取的相关防护措施，表明其项目选址无论从各方面看都符合我国相关法律法规的要求。

7.2.1.1 项目建设期间对环境的影响及相关防护措施

根据相关网站公示，该核电站项目的前期建设工作主要有道路建造、场地平整和核电厂主要构筑物的建造，这些前期建设项目在环境方面的影响主要是对大气环境的影响、声环境的影响、水环境的影响和水土流失的影响。对大气环境的影响、声环境的影响以及水环境的影响都是暂时的，持续时间短，影响范围也有限，在项目前期施工结束后这些影响就会很快消失。在水土流失方面，项目建设方已经根据该工程项目的特点制定了相应的防治措施，不会对环境造成实质性的危害。

7.2.1.2 项目运行期间对环境的影响及相关防护措施

根据相关网站资料显示，该核电站项目在运行期间可能会对环境产生的影响主要包括以下几个方面。首先是非放射性污染，主要指核电站运行过程中产生的排水对周边环境的影响。其次是化学物质排放对环境的影响，主要指核电站运行过程中产生的废水中含有的化学物质对周围水体产生的影响。再次是核电站运行期间产生的生活污水对周围环境的影响。根据笔者搜索的结果，相关资料公开显示，工程项目运营方会针对这三个方面采取相应的防护措施来进行处理，不会对周围环境造成不利影响，更不会对人体造成伤害。

7.2.1.3 辐射环境影响及防护措施

众所周知，公众对核电站项目的主要担忧就是其产生的辐射对人体造成的影响。根据该项目相关公开资料显示，相关机构和专家根据该核电站固有的放射性防护装备基础进行保守估算，在最大可信事故工况下，该项目运行期间对周围民众造成的辐射影响远低于国家规定标准，甚至网站还引用了据说长期在核电站工作的员工的感受，即："即使在距离反应堆 500 m 的距离内，人们每天所受的放射性剂量，相当于看一个小时的电视。"总之，根据政府相关部门的风险感知，该核电站的辐射污染十分微弱，公众完全不用担心其辐射污染，况且该项目运营方还将采取相关的辐射污染防治措施，比如，一方面选择固有安全性能良好的压水堆型核电机组，另一方面，项目运营方还将严格按照安全生产管理的“三同时”原则，配置完善、有效的专设安全系统和“三废”治理系统，以保证满足核电站投产后的环境保护方面的相关要求。

7.2.1.4　工程安全风险及防护措施

根据相关资料显示，南阳核电站在设计中采用了“纵深防御”系统，在项目运行过程中设置多道实体屏障，将放射性物质限制在特定的范围内。比如，将在压水堆核电厂中设置燃料元件包壳、一回路压力边界和安全壳三道安全屏障。此外，还从非能动堆芯冷却系统、非能动安全壳冷却系统、安全壳氢气控制系统、安全壳和安全壳隔离系统、主控室应急可居留系统等多个方面来完善工程项目的安全设施，构建纵深防御体系中的第三个防御层次，以提高项目安全性。

7.2.1.5　项目应急管理

根据河南省及南阳市政府相关负责人新闻采访的发言资料，该核电项目将采用世界最先进的第三代压水堆（AP1000）核电技术，安全系数已提升到百万分之一，事故发生概率是百万年才遇到一次。而南阳核电站项目的全生命周期设计为 60 年，该核电站到了 60 年即可退役。而且，该核电站还根据电厂运行特点和周围环境特点，制定了完善的应急预案和应急计划，并与各级政府、军队及医疗机构等部门实施应急协同和联动，确保万一发生事故周边各区域人员能得到妥善合理的安排。

7.2.2　工程项目社会稳定风险状况

7.2.2.1　政府层面

根据笔者在网上搜索到的该核电站项目的相关资料，以及新闻报道中相关政府负责人的表述，可以看出，政府层面基本都对该项目持积极乐观态度，认为该项目将是一个绝对的“利好消息”，该项目建设将给当地带来重要的战略发展机遇。一方面，它解决了当前我国能源不足的问题，南阳核电站将通过与当地原有的鸭河火电厂基地进行强有力的辐射带动，将南阳市打造成为中国新兴的能源基地，南阳市也将因电力能源建设的坚实支撑而在未来迅速崛起。另一方面，核电站项目会给当地政府带来可观的经济收入，比如，一台机组投资120亿元，可给当地创造税收四五亿元，如果两台机组投入的话，财政贡献将会高达7亿～10亿元，数额十分可观。另外，当地政府部门及相关负责人还表示，核电站项目还会带来很多就业机会，解决当地老百姓的就业问题，拉动南阳经济增长。网上搜索到的官方的相关言论，除了核电站项目即将带来的绝大利好外，对于其他方面的信息，尤其是项目可能存在的负面影响，几乎是只字未提。

7.2.2.2 公众层面

与官方舆论场一片欢呼的盛况相比，民间舆论，尤其是网络舆论可以说是“冰火两重天”。自核电站即将落户南阳的消息得到印证以来，网上众多民众就展开了关于这个议题的广泛讨论。根据笔者搜索显示，大部分网友都对该核电站项目的安全性表示担忧，对核电站对南阳市未来的环境污染风险产生强烈的忧惧，更对核电站选址提出了质疑。比如，有网友认为该核电厂项目选址位于鸭河口，距南召县政府驻地城关镇只有21 km，距南阳市市政府仅有30 km，而南阳地形属于盆地，三面环山，不利于核污染辐射的扩散，将受到高强度的集中污染。届时不仅南阳、襄阳受害，我国中部大部分地区也将面临重大影响。此外，还有部分网友认为，南阳是国家南水北调中线工程的源头，鸭河口水库是南水北调河南段沿线城市的水源地，除了南阳，河南其他很多地市，如平顶山、驻马店、许昌、商丘、开封、郑州、安阳、新乡等城市都建有引水受水管道，省外的河北沿线中小城市以及北京、天津也要受水，该核电站一旦发生事故，其影响范围将非常巨大，后果将不堪设想。

根据笔者搜索显示，早在2010年，铁血网上一篇标题为“惊心！坚决反对在南阳建设核电站!!!”的长达几千字的关于反对在南阳建造核电站的帖子更是阅读量达到将近8 000。百度贴吧“南阳吧”里关于“南阳核电站”的讨论帖子高达上百条。2011年天涯社区关于讨论南阳核电站的点击人数达到9 737人，回复数达到将近200条。2015年5月，天涯社区经济论坛中关于“南阳核电站”的讨论点击量达到171 299，回复数达到2 098。2016年12月，一条源自“新野吧”，标题为“核电站你怕不怕？南阳核电站即将重启，有望在2017年投产！南阳人必看”的消息在网上快速传播，多家网站进行转载，一时间引起不少南阳人的恐慌。百度贴吧中“南阳核电站即将重启，有望在2017年投产！南阳人必看”的消息引发了将近400人的回帖。人人网上一篇“南阳高庄核电站一座城市的毁灭?!”的帖子中网友更是对南阳核电项目环保审批程序提出质疑，强烈呼吁公正公开相关环评信息，确保公民的知情权，引发了上百人回帖。笔者对部分网友的主要观点和态度倾向进行了整理，如表7-1所列。

表7-1　网友关于核电站主要观点汇总

来源	态度倾向	观点描述
天涯社区	反对	拿子孙的生命财产优美环境换金钱的事情我们不可以干！万一出了事故可不是经济数字可以弥补的。
天涯社区	反对	南阳人应站起来保护，决不能叫不怀好意的坏人与贪污腐败分子的破坏阴谋得逞。
天涯社区	反对	如果河南的领导不顾南阳人的死活，强行在南阳市南召县鸭河口水库建核电站，核电站将在南阳扮演最重要的角色。
天涯社区	反对	鸭河核电如果上马，它的产值除了电力对国家有用外，对南阳有什么用处呢？说拉动南阳经济，岂不是公开欺骗南阳的老百姓吗？
百度贴吧	反对	南召建核电站，它如果泄漏，南阳人就有灭顶之灾。
百度贴吧	反对	所谓的专家和政府是如何考量、论证能想到在这里建核电站？难道所谓的现代文明就一定要以生态灾难和毁灭为代价吗？
天涯社区	反对	或许核电技术有足够的技术保障，但世间万物没有绝对，不怕一万，就怕万一，历数核大国的核事故不胜枚举，中国难道就更有把握吗？
天涯社区	反对	坚决反对！核电站敢有万一吗？核电站对老百姓有何实在的益处，恐怕就是地被征，人被撵，政府增加税收，利益集团获得国家建设资金。这么大的事，应由南阳人自己作主。南阳人联合起来！
大河论坛	反对	市级以上的政府官员只想着要政绩往上升官，他们哪管以后的事情。那些官员与核电股东早已将家安在北京、上海或国外，他们是不会从当地老百姓的利益出发考虑的!!!!!!
百度贴吧	反对	大家联合抵制在南阳建设核电站。南阳现有企业的用电是可以满足需求的，何必弄个这么危险的炸弹在我们的家园里？

表 7-1(续)

来源	态度倾向	观点描述
百度贴吧	反对	坚决反对!! 请官员们不要拿南阳 1 000 多万老百姓的生命来染红你们的红顶子!!!
铁血网	反对	强烈反对在南阳建核电站! 让南阳人联合起来吧! 为了千千万万子孙后代的幸福!
铁血网	支持	核电应该是一种成熟的技术,污染小,效率高,应该支持。
铁血网	中立	建核电站不像有些回帖说得那么恐怖,对这个问题,我持中立态度。
新野吧	支持	现在的技术,和 20 年前相比,根本就不是一个档次的。现在的技术很成熟了,这么一个清洁的能源,为什么不利用呢?
新野吧	中立	建不建核电站对南阳的影响不仅仅是经济的问题,而更多的是中央会重视的问题,只要中央真的重视了,就什么都不怕。
大河论坛	中立	希望政府决策时,一是听一听百姓的呼声,二是解决百姓担忧的问题,让人民有充分的理由相信政府的决策是正确的。只要人民相信了政府,一切问题将迎刃而解。
大河论坛	支持	支持,现在核电已经是第四代技术,非常安全。建核电站应该有两个水源点,正好南阳有鸭河水库和丹江水库,条件得天独厚。
大河论坛	支持	旗帜鲜明地支持建设核电站。

资料来源:作者根据相关论坛网友发帖评论整理。

经过对网上公众意见的汇总,可以发现,南阳核电站这个环境敏感性重大工程项目已经引发了社会关注和舆论不安,项目及项目风险已经进入公众解读过程,“核电站已经落户即将动工”这个潜在的风险冲突已经实现了“风险揭露”。根据对网民意见和政府相关宣传资料的梳理对比,可以发现,在核电站这个重大工程的环境风险方面,当地政府和民众存在明显的风险感知差异。鉴于以上情况,本书通过建立的环境敏感性重大工程项目社会稳定风险量化模型对该项目进行社会稳定风险评价。评价过程分为调查过程和数据处理过程两部分。

7.3 工程项目社会稳定风险调查

7.3.1 调查方法和范围

本次调查以问卷抽样调查和深度访谈方式进行,调查过程主要依照国家及河南省关于社会稳定风险评估相关规定,以及本书所构建的评价模型及指标体系,结合项目建设的工程特点和项目所在地周围环境和实际情况,以科学性、实用性为指导,运用调查问卷、实地勘察、走访群众等多种方法对该工程项目的社会稳定风险进行风险调查(附录二)。

此次调查时间为2016年12月至2017年1月。当时因为"核电站你怕不怕?南阳核电站即将重启,有望在2017年投产!南阳人必看"这则消息在网上快速传播,多家网站进行转载,一时间引起不少南阳人的恐慌。该次调查采用发放调查问卷的方式。调查问卷的发放范围如下:距南阳核电站最大的人口中心为南阳市区,在该市共发放调查问卷380份,回收369份,剔除掉无效问卷3份,有效回收率为96.3%;距南阳核电站最近的城镇为南召县云阳镇,在该镇共发放调查问卷240份,回收226份,剔除掉无效问卷2份,有效回收率为93.3%;核电站厂址隶属于南召县石门乡高庄村,在该村镇共发放调查问卷180份,回收164份,剔除掉无效问卷4份,有效回收率为88.9%。综合三个地方共发放调查问卷800份,回收759份,回收率为94.9%。所有被访者中,男性482人,占63.5%;女性277人,占36.5%。30岁以下107人,占14.1%;31~60岁569人,占75.0%;60岁以上83人,占10.9%。小学及以下文化程度37人,占4.9%;初中文化程度321人,占42.3%;高中文化程度265人,占34.9%;大专及以上文化程度136人,占17.9%。

此外,在发放调查问卷的同时,又运用非结构式访谈法从南阳市区、南召县云阳镇和高庄村,各随机抽取了25名居民进行深度访谈,平均访谈时间在20分钟左右,作为对调查问卷收集信息的有益补充。针对回收的759份有效问卷,运用SPSS软件进行统计分析。

在调查问卷中,设置了多个变量指标来测量民众对建造核电站的社会稳定风险,针对所有指标又设计了多个选项,每个选项分别赋予相应的分值,见附录二。为了保证调查问卷的内部一致性和有效性,本书又对问卷进行了信度检验，如表 7-2 所列。根据检验结果，各分量表信度值都高于 0.7，总量表信度值高于 0.8，通过了一致性检验，信度较高，表明量表较为理想，可以应用。

表 7-2 调查问卷量表信度检验

指标名称	非标准化的 a 系值	非标准化的 a 系数
公众风险感知	0.71	0.77
政府行为管理	0.86	0.82
项目固有风险	0.84	0.85
社会系统环境	0.81	0.83
总体指标	0.82	0.86

7.3.2 数据处理

由于调查表中各项底层指标评估标准不一致，所以需要对获得的原始数据进行规范化处理，将所有原始数据转化到[0，1]的极大型指标，从而获得初始模糊隶属函数值，使其方便运用突变级数法进行运算。问卷调查表中各项指标采用 5 分制，取调查问卷中各项评估指标得分的平均值作为最后得分，再缩小 5 倍，最后采用下式计算统一规格化：

$$Y=\begin{cases}1, x \geqslant x_{\max} \\ \dfrac{x-x_{\min}}{x_{\max}-x_{\min}}, x_{\min}<x<x_{\max} \\ 0, x \leqslant x_{\min}\end{cases} \tag{7-1}$$

式中，x 为调查问卷中各专家评分的均值；$x_{\min}$ 和 $x_{\max}$ 的数值根据德尔菲法确定。经过处理后的各底层指标初始模糊隶属函数值如表 7-3 所列。

表 7-3 三级指标初始模糊隶属函数值

三级指标	初始模糊隶属函数值			三级指标	初始模糊隶属函数值		
	南阳市区（N）	云阳镇（Y）	高庄村（C）		南阳市区（N）	云阳镇（Y）	高庄村（C）
P_{11}	0.65	0.87	0.75	P_{31}	0.93	0.83	0.87
P_{12}	0.71	0.82	0.79	P_{32}	0.93	0.83	0.88
P_{21}	0.69	0.75	0.87	P_{33}	0.88	0.84	0.91
P_{22}	0.67	0.84	0.87	M_{11}	0.85	0.55	0.88

表 7-3(续)

三级指标	初始模糊隶属函数值			三级指标	初始模糊隶属函数值		
	南阳市区(N)	云阳镇(Y)	高庄村(C)		南阳市区(N)	云阳镇(Y)	高庄村(C)
M_{12}	0.85	0.56	0.88	F_{13}	0.82	0.48	0.85
M_{13}	0.81	0.45	0.88	F_{21}	0.85	0.66	0.69
M_{14}	0.86	0.59	0.85	F_{22}	0.88	0.77	0.70
M_{21}	0.91	0.76	0.85	F_{23}	0.78	0.45	0.70
M_{22}	0.92	0.80	0.86	F_{24}	0.86	0.69	0.70
M_{23}	0.93	0.83	0.86	F_{31}	0.86	0.69	0.70
M_{24}	0.93	0.83	0.86	F_{32}	0.86	0.78	0.59
M_{31}	0.87	0.75	0.66	F_{33}	0.85	0.76	0.57
M_{32}	0.90	0.73	0.85	S_{11}	0.85	0.74	0.57
M_{33}	0.83	0.49	0.89	S_{12}	0.76	0.49	0.57
M_{34}	0.80	0.54	0.76	S_{21}	0.83	0.67	0.62
F_{11}	0.90	0.74	0.85	S_{22}	0.84	0.67	0.63
F_{12}	0.82	0.48	0.86	S_{23}	0.86	0.72	0.64

根据前文建立的环境敏感性重大工程社会稳定风险的突变评价模型，对二级指标进行处理，经过处理后的各二级指标初始模糊隶属函数值如表 7-4 所列。

表 7-4　二级指标初始模糊隶属函数值

二级指标	初始模糊隶属函数值			二级指标	初始模糊隶属函数值		
	南阳市区(N)	云阳镇(Y)	高庄村(C)		南阳市区(N)	云阳镇(Y)	高庄村(C)
P_1	0.65	0.87	0.86	F_1	0.59	0.74	0.85
P_2	0.71	0.82	0.79	F_2	0.79	0.49	0.57
P_3	0.69	0.75	0.87	F_3	0.82	0.48	0.85
M_1	0.59	0.65	0.88	S_1	0.65	0.82	0.89
M_2	0.65	0.64	0.83	S_2	0.78	0.77	0.78
M_3	0.72	0.71	0.84				

7.4 社会稳定风险评价

7.4.1 评价过程及结果

根据本书第 6 章确立的环境敏感性重大工程社会稳定风险子系统的评价模型,分别计算公众风险感知、政府行为管理、项目固有风险和社会系统环境的总突变值,计算过程如下。

(1) 公众风险感知突变值。

根据公式:

$$P = \frac{1}{3}(P_1^i + P_2^j + P_3^k), \{i, j, k\} = \left\{\frac{1}{2}, \frac{1}{3}, \frac{1}{4}\right\} \tag{7-2}$$

得到三个地方的公众风险感知突变值分别为:

$$P_N = \frac{1}{3}(0.65^{1/2} + 0.71^{1/3} + 0.69^{1/4}) = 0.8699$$

$$P_Y = \frac{1}{3}(0.87^{1/2} + 0.82^{1/3} + 0.75^{1/4}) = 0.9331$$

$$P_C = \frac{1}{3}(0.86^{1/2} + 0.79^{1/3} + 0.87^{1/4}) = 0.9392$$

(2) 政府行为管理突变值。

同理,根据公式:

$$M = \frac{1}{3}(M_1^i + M_2^j + M_3^k), \{i, j, k\} = \left\{\frac{1}{2}, \frac{1}{3}, \frac{1}{4}\right\} \tag{7-3}$$

得到三个地方的政府行为管理突变值分别为:

$$M_N = \frac{1}{3}(0.59^{1/2} + 0.65^{1/3} + 0.72^{1/4}) = 0.8518$$

$$M_Y = \frac{1}{3}(0.65^{1/2} + 0.64^{1/3} + 0.71^{1/4}) = 0.8620$$

$$M_C = \frac{1}{3}(0.88^{1/2} + 0.83^{1/3} + 0.84^{1/4}) = 0.9451$$

(3) 项目固有风险突变值。

同理,根据公式:

$$F = \min(F_1^i, F_2^j, F_3^k), \{i, j, k\} = \left\{\frac{1}{2}, \frac{1}{3}, \frac{1}{4}\right\} \tag{7-4}$$

得到三个地方的项目固有风险突变值分别为：

$$F_N = \min(0.59^{1/2}, 0.79^{1/3}, 0.82^{1/4}) = 0.7681$$

$$F_Y = \min(0.74^{1/2}, 0.49^{1/3}, 0.48^{1/4}) = 0.7889$$

$$F_C = \min(0.85^{1/2}, 0.57^{1/3}, 0.85^{1/4}) = 0.8293$$

（4）社会系统环境突变值。

同理，根据公式：

$$S = \frac{1}{2}(S_1^i + S_2^j), \{i, j\} = \left\{\frac{1}{2}, \frac{1}{3}\right\} \tag{7-5}$$

得到三个地方的社会系统环境突变值分别为：

$$S_N = \frac{1}{2}(0.65^{1/2} + 0.78^{1/3}) = 0.8634$$

$$S_Y = \frac{1}{2}(0.82^{1/2} + 0.77^{1/3}) = 0.9111$$

$$S_C = \frac{1}{2}(0.89^{1/2} + 0.78^{1/3}) = 0.9320$$

（5）社会稳定风险总体突变值。

在此情况下，环境敏感性重大工程社会稳定风险的总突变值 SSR 是各因素突变值综合作用的结果，其计算公式为：

$$\mathrm{SSR} = \frac{1}{4}(P^i + M^j + F^k + S^p), \{i, j, k, p\} = \left\{\frac{1}{2}, \frac{1}{3}, \frac{1}{4}, \frac{1}{5}\right\} \tag{7-6}$$

因此，三个地方的社会稳定风险总体突变值分别为：

$$\mathrm{SSR}_N = \frac{1}{4}(0.8699^{1/2} + 0.8518^{1/3} + 0.7681^{1/4} + 0.8634^{1/5}) = 0.9470$$

$$\mathrm{SSR}_Y = \frac{1}{4}(0.9331^{1/2} + 0.8620^{1/3} + 0.7889^{1/4} + 0.9111^{1/5}) = 0.9605$$

$$\mathrm{SSR}_C = \frac{1}{4}(0.9392^{1/2} + 0.9451^{1/3} + 0.8293^{1/4} + 0.9320^{1/5}) = 0.9727$$

在此种情况下，南阳核电站社会稳定风险的总突变值的结果计算公式为：

$$\mathrm{SSR} = \min(\mathrm{SSR}_N, \mathrm{SSR}_Y, \mathrm{SSR}_C) = 0.9470 \tag{7-7}$$

7.4.2　社会稳定风险可接受水平的确定

《中华人民共和国突发事件应对法》将突发事件划分为一般、较大、重大、特别重大四个等级。《国家发展改革委重大固定资产投资项目社会稳定风险评估暂行办法》将社会稳定风险分为三个等级。在实践过程中进行针对性评价时，还要考虑到诸多复杂因素，选取恰当的方法对风险等级进行进一步的精确分析。比如，具体研究中有许多研究者利用模糊综合评估法将安全等级表转化为适合自身研究目标的风险等级表，如表 7-5 所列。

表 7-5　模糊综合评价法系统安全状态等级表

系统安全等级	风险值	系统安全状态
Ⅰ	(0, 0.4)	危险
Ⅱ	[0.4, 0.6]	较危险
Ⅲ	(0.6,0.75]	一般
Ⅳ	(0.75,0.9]	较安全
Ⅴ	(0.9,1)	安全

本书根据《国家发展改革委重大固定资产投资项目社会稳定风险评估暂行办法》对风险等级划分的相关规定，采用突变级数法进一步对模糊综合评估法系统安全状态等级表进行处理，再结合德尔菲法，最终获得环境敏感性重大工程社会稳定状态的风险等级表，如表 7-6 所列。

表 7-6　重大工程社会稳定状态的风险等级表

SSR 等级	Ⅰ(高风险)	Ⅱ(中风险)	Ⅲ(较低风险)	Ⅳ(低风险)
SSR 值	(0,0.45]	(0.45,0.75]	(0.75,0.85]	(0.85,1)

由建立的重大工程社会稳定状态的风险等级区间可知，突变值越大，环境敏感性重大工程社会稳定风险评估系统对应的状态越安全，因环境敏感性重大工程上马或建设引发环境群体性突发事件的可能性就越小。

7.4.3　社会稳定风险评价结果分析

从图 7-1 可以发现，根据应用突变级数法对南阳市区、南召县云阳镇和高庄村三个区域进行社会稳定风险评价的结果，南阳市区社会稳定风险等级属于中风险，云阳镇社会稳定风险等级属于中风险，高庄村社会稳定风险等级属于较低风险。笔者在调研中根据大量群众访谈发现，处于核电站不同距离范围内的公众对待工程项目的风险感知是有差异的，模型评价结果也验证了该情况。

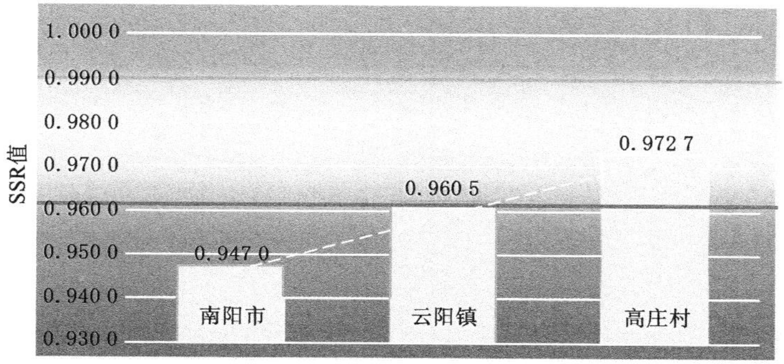

图 7-1　南阳核电站社会稳定风险柱状图

7.4.3.1　南阳市区社会稳定风险状况

根据突变级数法对南阳市区在公众风险感知方面的评价结果，其突变隶属函数值 $P_N=0.8699$，在所调研的三个地方中属于最低者，说明南阳市区公众对核电站的风险感知程度比较高，这是多方面影响因素耦合的结果。笔者在南阳市区的调研中也发现，不少民众表达了对在南阳建造核电站的深切担忧，他们认为，该核电站和南阳市区只有 30 km 的直线距离，市区正好处在核电站的下风口，而南阳属于我国人口最稠密的地区之一，一旦发生核泄漏或者爆炸，后果将不堪设想。而且核电站使用和排放的循环冷却水都来自和回到鸭河口水库，而鸭河口水库是南阳市区民众主要的生活饮用水来源，其一旦受到核污染，将会严重影响民众的身体健康。还有一部分市民认为，在南阳建造核电站虽然可以在短时期内带来一定的经济效益，每年给政府创造数额可观的税收，也能提供大量就业岗位，提高南阳在全国的知名度，但是，毕竟不能饮鸩止渴，要走可持续发展道路，对于核能政府要慎之又慎，千万不能过度开发。建造核电站毕竟关系到一个城市的未来和发展，更关系到这个城市民众及其子孙后代的幸福，这个重大决策要充分听取公众的意见。当然，也有不少市民认为核电站一旦上马，自己从心理上难以接受，毕竟当年切尔诺贝利事件给世界留下了惨痛教训，建造核电站等于在自己身边埋了颗“定时炸弹”。根据风险感知因子和政府行为管理、项目固有风险以及社会系统环境之间的“互补”原则，三者耦合，所以南阳市区的社会稳定风险总突变隶属函数值最小，属于风险最大者。

7.4.3.2　高庄村社会稳定风险状况

高庄村的公众风险感知因子突变隶属函数值 $P_C=0.939\ 2$，根据越大越好原则，属于风险认知比较小，这和笔者在当地的实际调研中发现的情况也比较相符。高庄村是距核电站项目厂址较近的一个村庄，有常住人口300多人，在调研过程中发现，大部分年轻人都出去打工，留守在村庄的都是老人和孩子，相对来说教育程度不高，对核电的相关知识了解得不太充足，很多人更是从没有听说过著名的切尔诺贝利事件。虽然对核电站和核辐射心理有担忧，但是毕竟考虑到核电站项目一旦上马，自己肯定会在征迁范围，会有大笔经济补偿，而且在项目建造过程中肯定需要劳动力及相关原材料，施工方会就近取材，将来必定会带动自己所在村庄的经济发展，给自己带来切实的经济利益。根据风险感知和其他因子之间的耦合，高庄村的社会稳定风险总突变隶属函数值最大，属于风险最小者。

7.4.3.3　云阳镇社会稳定风险状况

云阳镇的公众风险感知因子突变隶属函数值 $P_Y=0.933\ 1$，介于南阳市区和高庄村之间。模型评价得分情况也和实际调研情况相符。一方面，云阳镇是距离核电站最近的城镇，距核电站项目厂址NE方位约21 km，虽然核电站征地补偿范围可能无法完全涵盖云阳镇，可不少民众认为，核电站离云阳镇不算太远，工程一旦上马肯定会带动当地经济发展，给当地提供不少就业岗位。在关于核电安全以及环境风险的问题上，在调研中部分民众认为，自己离核电站还有一段距离，距离最近的村庄肯定会比自己更加担心。再者，受平均教育程度和对风险知识了解的差异，以及信息渠道的影响，云阳镇社会稳定风险总突变隶属函数值介于南阳市区和高庄村之间，是与实际情况相符的。

7.5　本章小结

本章根据突变模型及突变级数法，对本书的主要研究内容进行了实证分析，包括两个方面：

(1) 选取南阳核电站这一环境敏感性重大工程项目为研究对象，通过抽样问卷调查、深度访谈等方法对南阳市区、云阳镇、高庄村三地的环境敏感性重大工程社会稳定风险状况进行风险调查，根据收集的实际数据，在前文运用突变模型构造的评价模型和指标体系的基础上，对底层指标进行了无量纲化处理，并对三个地方的社会稳定风险状态进行了评价，并对评级结果与实际调研情况进行了分析。

（2）依据上述实证研究结果，依据现行相关法律法规和 ALARP 准则，制定了重大工程社会稳定状态的风险分级标准，设定了社会稳定风险的可接受准则。

第 8 章

重大工程社会稳定风险分级管控(RBS/M)模式设计

8.1 RBS/M 模式的理论基础

8.1.1 RBS/M 的内涵及特点

随着我国改革进入“深水区”和“攻坚期”,当前我国的社会矛盾复杂程度正在逐步加深,公共安全风险逐渐增多,防范化解管控难度也越来越大,各种“维权”的集体行为正在呈现组织性增强和对抗性升级等特点,迫切需要政府部门在加强和创新社会治理中作适应性调整和针对性应对[90]。党的十九大报告明确指出,当前社会的主要矛盾已经是“人民日益增长的美好生活需要和不平衡不充分的发展之间的矛盾”。安全和环境方面的需要成为当前我国社会民生的重要新内容,面对当前我国各类社会矛盾和风险,要将专项治理与系统治理、综合治理、依法治理、源头治理有机结合,切实解决影响人民安居、社会安定、国家安全的重点难点问题,不断增强人民群众的获得感、幸福感、安全感[91]。“稳评”强调关口前移、重心下移和风险的源头治理,是一项从源头上化解社会风险和推动传统维稳模式转型的重要制度安排,有利于实现对社会稳定风险的事前主动防控,以更积极的姿态化解矛盾,对于创造动态社会稳定和推进国家治理现代化有着重要意义。如何管理、化解社会稳定风险已成为维护社会和谐的一个重大课题,虽然学界也进行了有益的探索,但到目前为止还没有一个比较完善的重大工程社会稳定风险管理模式和体系，各地也都在摸着石头过河，重大工程项目引发社会稳定风险的管理基本上还处于应急处理阶段。鉴于此，本书尝试将 RBS/M——基于风险的管控理念引入重大工程社会稳定风险管理中来。这一理论是由我国著名安全生产专家、中国地质大学(北京)安全研究中心的罗云教授最先提出来的。

RBS/M 是一种科学、系统、实用、有效的安全管理技术和方法体系，与国际上应用广泛的基于风险的检验(risk based inspection，RBI)的原理与方法一脉相承。RBI 技术，即基于风险的检验技术，是通过对设备或部件的风险分析，确定关键设备和部件的破坏机理和检查技术，优化设备检查计划和备件计划，为延长装置运转周期、缩短检修工期提供了科学的决策支持。该技术在西方发达国家的部分特种设备的检验、风险评估体系和石油化工行业中已经得到比较健全的应用。RBS/M 是在 RBI 技术和方法上发展起来的，是对 RBI 技术和方法的一个扩展和延伸。相对于传统的基于事故、事件，基于能量、规模，基于危险、危害，基于规范、标准的安全管理，RBS/M 方法以风险管理理论作为基本理论，结合风险定量、定性分级，要求以风险分级水平，实施科学的分级、分类监管。RBS/M 作为一种科学的管控模式，具有如下的特点[92]：

(1) 全面性。进行 RBS/M 需要全面地了解监管客体的风险状况，因此就需要对监管客体进行全面的风险辨识。全面性主要体现在两个方面，一方面是时间上的全过程，即风险辨识要覆盖全生命周期的各个阶段；另一方面是空间上的全覆盖，即风险辨识要包括监管客体的各个因素。

(2) 预防性。RBS/M 方法与一般的事故型监管模式本质的区别就在于强调事前的预防性监管。基于风险的监管本身就是一种超前的主动性的监管模式，在进行风险辨识时强调对潜在风险因素的识别。

(3) 动态性。RBS/M 方法进行的是动态监管而不是静态监管。RBS/M 方法与现行的以固有危险作为监管分级依据的做法不同，强调的是按照情景模式下的风险进行监管分级。RBS/M 方法推行的是动态监管，根据现实风险等级，进行风险动态监管监控，采取相应的监管方式和策略。

(4) 定量性。RBS/M 方法的基本原理就是依据风险的概念，对监管客体进行风险分析和评价，从而得到监管客体的风险等级，按照风险等级采取对应的监管方法和策略。进行风险分析和评价，能科学客观地反映监管客体的风险状况，从而保证RBS/M方法的科学性。

（5）分级性。RBS/M方法的核心就是按照现实风险状况，确定风险等级，依据不同的风险等级，进行安全监管。分级分类监管可以使监管抓准工作重点，缓解监管力量和监管需求之间的不平衡，提高监管工作的效率，是符合我国监管实际的安全监管模式。

8.1.2 RBS/M理论的价值及意义

RBS/M方法可以针对行业企业、重大工程项目、大型公共活动等宏观综合系统进行风险分类分级管控，也可以针对具体的设备、设施、危险源（点）、工艺、作业、岗位等企业的微观生产活动、程序等进行风险分类分级管理，还可以为企业分类管理、行政分类许可、危险源分级监控、技术分级检验、行业分级监察、现场分类检查、隐患分级排查等提供技术方法支持。RBS/M力求使安全监管做到最合理、最有效，最终实现事故风险的最小化，这是由于：首先，RBS/M的对象是风险因子、依据是风险水平、目的是降低风险，其管理的出发点和管理的目标是一致和统一的，监管的准则体现了安全的本质和规律；第二，RBS/M可以确保管理相关决策的科学性、合理性，从而减少监管措施的盲目性和冗余性；第三，RBS/M以风险的辨识和评价为基础，可以实现对事故发生概率和可能损失程度的综合防控。建立在这种系统、科学的风险管理理论方法上的监管方法能全面、综合、系统地实现政府的科学安全监察和企业的有效安全管理。

对于环境敏感性重大工程来说，不同的风险等级反映了其社会稳定风险水平的高低。社会稳定风险等级高，说明该重大工程引发环境群体性突发事件的可能性比较大，政府部门应该进行高级别的社会稳定风险预警和预控；反之，社会稳定风险等级低，说明该重大工程引发环境群体性突发事件的可能性相对较小，应该对其进行低级别的社会稳定风险预警和预控。重大工程基于风险的分级管控是指政府部门以RBS/M理论方法体系为技术指导，对重大工程社会稳定风险实施分级、分类管控，使得政府的管控方式和应急管理举措能够与重大工程的风险等级相适应、相匹配，实现风险的“实时报警、适时预警、分级管控”。

8.1.3　RBS/M 理论的应用原理及模式

RBS/M 遵循的是现代管理科学中科学、高效、集约的管理理论和思想，它具有自己完整、独立的理论及方法体系。本书用“5W1H”分析方法，对 RBS/M 理论和方法体系进行分析，得出构成 RBS/M 理论和方法体系的 6 个基本元素，建立如图 8-1 所示的 RBS/M 的“5W1H”模型的监管原理及方法体系[93]。

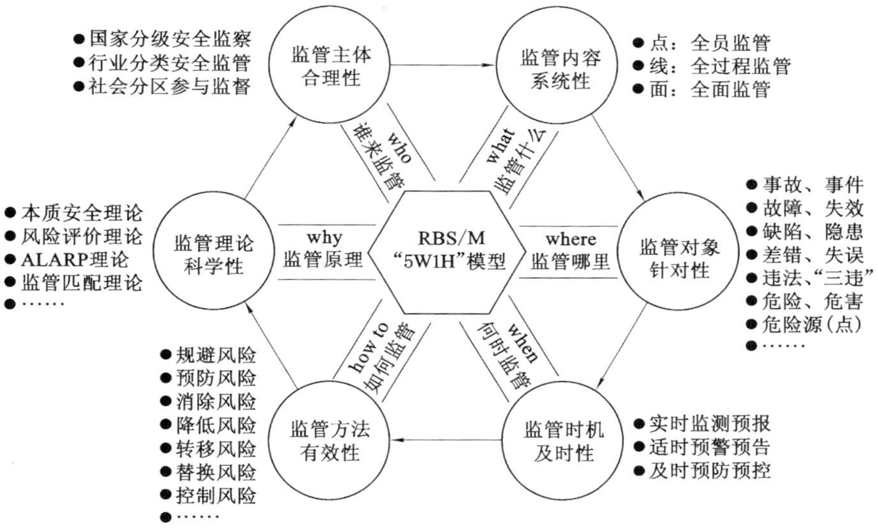

图 8-1　RBS/M 的“5W1H”模型的监管原理及方法体系

“5W1H”分析方法名称由 why，who，what，where，when 和 how to 的首写字母组成，又称为“六何分析法”，是一种系统化的思考和创造方式，在现代社会被广泛应用于企业的项目管理。RBS/M 的“5W1H”模型由监管理论、监管主体、监管内容、监管对象、监管时机和监管方法 6 个要素组成，分别回答了“5W1H”方法的 6 个问题：why——监管原理问题；who——谁来监管问题；what——监管什么问题；where——监管哪里问题；when——监管时机问题；how to——监管方法问题。每一个要素都具有不同的属性，共同构成了 RBS/M 的“5W1H”方法的科学性、合理性、系统性、针对性、及时性和有效性。

8.1.3.1 监管理论

监管理论回答的是“why”的问题，描述的是 RBS/M 的基本原理。监管理论也就是 RBS/M 的理论基础，保证了 RBS/M 方法的科学性。RBS/M 基本原理包括安全第二公理、风险评价基本理论、ALARP 原理、安全分级控制匹配原理。

(1) 安全第二公理：事故是安全风险的产物。

安全第二公理是 RBS/M 方法的基础。安全公理由中国地质大学(北京)罗云教授首次提出，是在长期的安全生产和生活实践活动中逐步认识和建立起来的，是安全理论和安全实践发展的基础。“事故是安全风险的产物”也可以称为安全的第二公理，该公理说明风险因素的形态和程度影响事故的发生，其实这一公理告诉人们的是安全的本质性和根本性，让我们明确了安全活动的目标就是预防和控制事故。当然，只有从全面、系统、科学地认知风险的角度出发，对风险因素进行分析和控制，才能够实现这一目标。

(2) 风险评价基本理论。

风险评价基本理论是 RBS/M 方法的核心，提供了将评价对象进行风险分级的基本方法和标准，现在常用的风险评价基本理论模型包括二维风险矩阵和三维风险矩阵。

① 二维风险矩阵。

二维风险矩阵依据的风险函数如下：

$$R = P \cdot L \tag{8-1}$$

式中 P——风险发生的可能性；

L——风险导致后果的严重性。

为了直观地体现风险等级划分与分布情况，将可能性和严重性等级分布作为二维坐标，建立如图 8-2 所示的二维风险矩阵。

② 三维风险矩阵。

与传统的风险分析模式稍有不同，三维风险矩阵将敏感性的概念引入风险的内涵中，建立与传统二维风险矩阵不同的三维风险矩阵，其依据的风险函数如下：

$$\max(R) = F(P, L, S) = P \times L \tag{8-2}$$

式中 R——风险，事故发生可能性、严重性、敏感性的函数；

严重性 L 等级	可能性 P 等级					
	1(不可能发生)	2(几乎不可能发生)	3(很少发生)	4(偶尔发生)	5(可能发生)	6(经常发生)
1(无影响)	Ⅳ	Ⅳ	Ⅳ	Ⅳ	Ⅳ	Ⅲ
2(轻微的)	Ⅳ	Ⅳ	Ⅲ	Ⅲ	Ⅲ	Ⅱ
3(较小的)	Ⅳ	Ⅲ	Ⅲ	Ⅱ	Ⅱ	Ⅱ
4(较大的)	Ⅳ	Ⅲ	Ⅱ	Ⅱ	Ⅱ	Ⅰ
5(重大的)	Ⅳ	Ⅲ	Ⅱ	Ⅱ	Ⅰ	Ⅰ
6(特大的)	Ⅲ	Ⅱ	Ⅱ	Ⅰ	Ⅰ	Ⅰ

图 8-2　二维风险矩阵图

P——可能性，事故发生的可能性，概率函数；

L——严重性，事故可能造成后果的严重性，后果函数；

S——敏感性，事故发生的时间或空间敏感性，情境函数。

将可能性、严重性、敏感性等级分布作为三维坐标，建立如图 8-3 所示的三维风险矩阵，其中的每一个小方块即为一种评价结果，每一组小方块分别表示三个风险等级。

(3) ALARP 原理。

ALARP(as low as reasonably practicable，最低合理可行)原理是 RBS/M 方法的重要依据，其表明的是：风险存在于任何系统中，人们不可能通过采取相应的预防控制措施将风险彻底消除；随着系统风险水平的降低，降低风险越来越困难，成本也越来越高。因此，工业系统的风险状况和可使用的成本之间存在一个平衡点，也就是要将风险水平划分为三个区域，如图 8-4 所示。

ALARP 原理的内涵如下：对系统进行风险评价，如果得到的风险水平

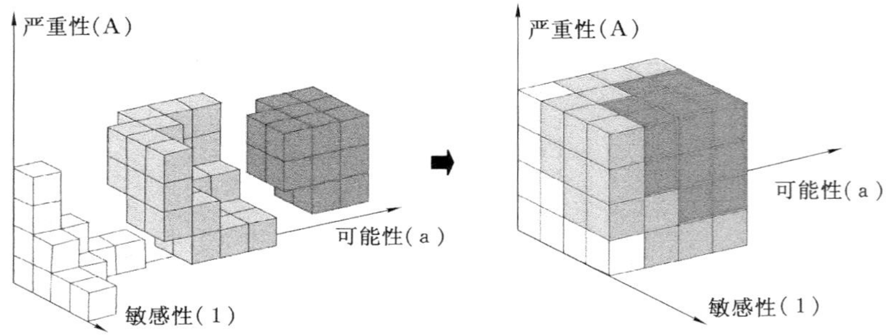

图 8-3　三维风险矩阵图

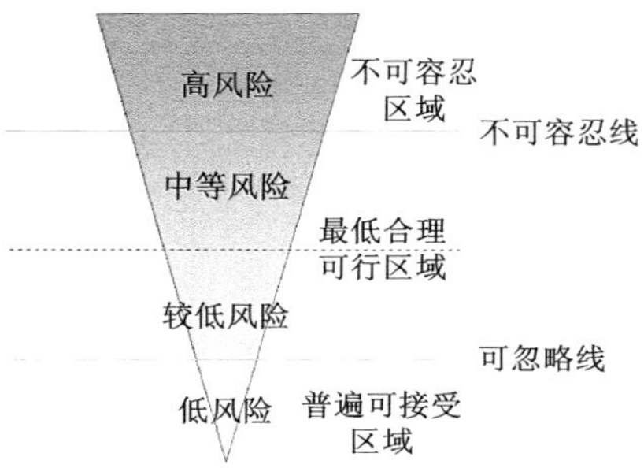

图 8-4　风险评价的 ALARP 原理

位于不可容忍线以上，也就是落入不可容忍区域，除极特殊情况外，该风险是不能接受的。如果得到的风险水平位于可忽略线以下，即落入可忽略区，此时，风险状况是能够接受的，不需要采取新的措施。如果得到的风险水平位于可忽略线和不可容忍线之间，也就是落入可容忍区，此时需要对安全投入成本和风险状况进行分析，确定是否需要采取进一步的安全措施。

(4) 安全分级控制匹配原理。

安全分级控制匹配原理是 RBS/M 方法的本质，是指基于风险分级而采取相应级别的安全监控管理措施的合理性匹配原理。这一原理基于对系统或对象的风险分级，遵循安全分级监控的合理性、科学性，能够保障和提高安全监控或监管的效能，是现代安全科学控制与管理的发展潮流[93]。

基于风险分级的安全监控监管匹配原理的方法机制一般采用 4 个风险级别，分别为Ⅰ级、Ⅱ级、Ⅲ级和Ⅳ级，分别用红色、橙色、黄色和蓝色的安全色标准表征;相应的风险防控措施也分为 4 个防控级别,分别为高级预控、中级预控、较低级预控和低级预控,同样分别用红色、橙色、黄色和蓝色的安全色标准表征。风险分级控制匹配原理可见表 8-1。这一原理有三种监控监管 RBS/M 模式。

表 8-1　风险分级控制匹配原理

风险等级	风险分级监管或预控匹配规律			
	高级别监管	较高级别监管	中级别监管	低级别监管
Ⅰ	合理、可接受	不合理、不可接受	不合理、不可接受	不合理、不可接受
Ⅱ	不合理、可接受	合理、可接受	不合理、不可接受	不合理、不可接受
Ⅲ	不合理、可接受	不合理、可接受	合理、可接受	不合理、不可接受
Ⅳ	不合理、可接受	不合理、可接受	不合理、可接受	合理、可接受

① 当风险防控措施等级低于风险预警级别时:这种状态属于“控制不足”的情况,所投入的风险控制资源有限,达不到有效控制风险的效果,此时安全不能保证,因此,这种匹配情况在理论上不合理,实际情况也不能接受,故匹配的结果为“不合理、不可接受”。

② 当风险防控措施等级高于风险预警级别时:这种状态属于“控制过量”的情况,此时理论上能够有效地控制风险,安全能够得到保证,这种匹配情况在理论上“可接受”,但此时显然造成了资源的过量投入以及浪费,即从实际情况看,这种匹配结果“不合理”,故匹配的结果为“不合理、可接受”。

③ 当风险防控措施等级对应于风险预警级别时:这种状态属于“当量控制”的情况,此时理论上能够有效地控制风险,安全能够得到保证,而且,此时资源的投入量为“当量值”,属于“恰好足以有效控制风险”的状态,即从实际情况来看,这种匹配结果“合理”。因此,只有当采取匹配于风险预警等级的风险防控措施时,才能够达到资源投入与安全监管的最优配比,此时的匹配结果为“合理、可接受”。

8.1.3.2 监管主体

监管主体回答的是“who”的问题，描述的是谁来监管、让谁监管的问题，保证了 RBS/M 方法的合理性。RBS/M 监管主体需要考虑监管领域、监管层级、监管体制、监管机制等问题。监管领域主要包括矿山、危化、建筑、工贸、特设、交通等；监管层级主要分为国家、省市、县区、乡镇等；监管体制可以分为国家监察、部门监管、行业管理、企业自律、社会监督等；监管机制包括分级监管制、垂直监管制、专项监管制、委托监管制等。应用霍尔系统模型，构建四个方面的立体式体系如图 8-5、图 8-6 所示。图 8-5 表述了不同监管领域对于监管层级和监管机制的两个纵深监管系统；图 8-6 展示了不同监管领域下，不同监管体制与多方监管机制的组合。依据多维度模型可以选择科学、合理的监管主体，从而保证 RBS/M 方法的合理性[94]。

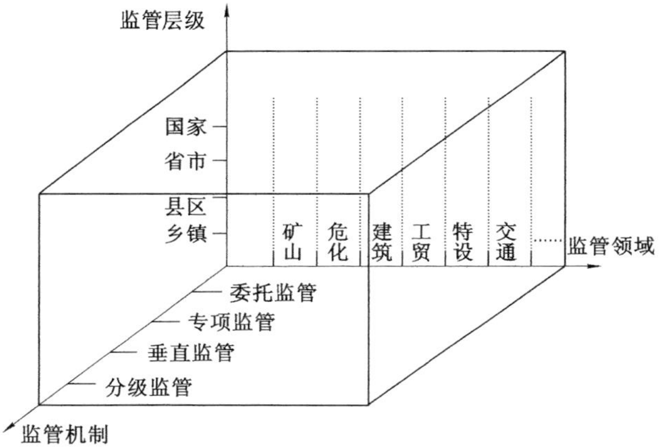

图 8-5 监管领域、监管层级、监管机制关系图

8.1.3.3 监管内容

监管内容回答的是“what”的问题，描述的是监管什么的问题。监管内容的全面，保证了 RBS/M 方法的系统性。监管内容的确定需要全面的风险辨识，甚至应该建立相应的风险因子数据库。风险辨识是应用 RBS/M 方法至关重要的一个环节，通过发现、识别系统中的风险因子，做好全面、系统的风险辨识工作。在进行风险辨识的过程中，需要结合实际情况和事故“4M”要素理论，系统、科学和全面地辨识出所有的风险因素，从而确定监管内容。风险辨识可以采用多种方法，如专家经验法、头脑风暴法、德尔菲法等。

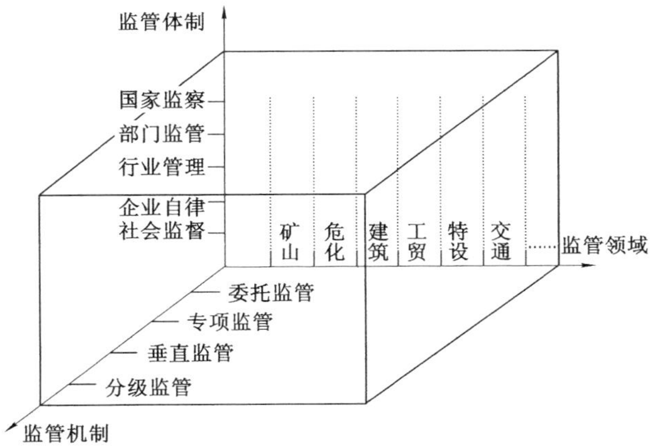

图 8-6　监管领域、监管机制、监管体制关系图

8.1.3.4　监管对象

监管对象回答的是“where”的问题,描述的是监管哪里的问题,对监管对象进行分级,体现了 RBS/M 方法的针对性。监管对象的分级主要是依据风险评价基本理论中的风险矩阵分级方法进行的。对监管对象进行分类分级是为了对其进行分类分级监管,分类分级监管依据的基本理论是 ABC 分类管理法和分级管理方法。

(1) ABC 分类管理法。

ABC 分类管理法起源于 19 世纪,是一种科学的分类管理方法,其运用数理统计等方法,按影响因素、事物属性、所占比重等,将管理对象划分为 A、B、C 三类,从而抓住管理对象的主要矛盾进行不同程度的管理,以达到人力、物力和财力的最佳运用,因此,也叫重点管理法或分类管理法[95]。

通常情况下 A 类因素为主要因素,应重点管理;B 类因素是次要因素,作次要管理;C 类因素是一般因素,进行一般管理。ABC 分类管理法从提出到现在,经过多年的发展和管理学家们的不懈努力,已应用到很多领域中。到目前为止,ABC 分类管理法已经作为一种有效提高监管针对性和时效性的重要方法,广泛地应用到了职业安全健康、食品卫生等风险管理领域。

(2) 分级监管方法。

分级监管的思想是建立在现代管理理念之上的,是一种科学、高效的理念。分级监管方法将监管对象按照风险状况分成Ⅰ级(高风险)、Ⅱ级(中风险)、Ⅲ级(较低风险)、Ⅳ级(低风险)四个等级,不同风险等级的监管对象采取不同级别的监管方式和方法。具体的分级监管方法如表 8-2 所列。

表 8-2　分级监管方法

风险等级	风险描述	监管级别	监管级别描述
Ⅰ(高)	不可接受风险	重点监管	一级预警;强力监管;强制中止、全面检查;否决制等
Ⅱ(中)	不期望风险	中等监管	二级预警;较强监管;高频率检查等
Ⅲ(较低)	有限接受风险	一般监管	三级预警;中等监管;局部限制;有限检查;警告策略等
Ⅳ(低)	可接受风险	抽查监管	四级预警;弱化监管;关注策略;随机检查等

8.1.3.5　监管时机

监管时机回答的是“when”的问题,描述的是何时监管的问题。监管时机的有效选择和监管对象的科学分级,保证了 RBS/M 方法的针对性和及时性。监管时机也是根据监管对象的风险级别的实时变化确定的,如果想正确、有效地把握好监管时机就需要依据风险进行实时预报和适时预警,也就是要实时地掌握监管对象的风险状态。具体做法就是:在风险辨识的基础上,根据监管对象的特点,以及环境条件等因素,进行科学的风险评估,明确风险预警级别,进行风险动态监管监控,在技术上推广实时监测监控(基于物联网技术),在管理上推进“实时报警、适时预警”机制。

8.1.3.6　监管方法

监管方法回答的是“how to”的问题,描述的是如何监管的问题,实现了 RBS/M 方法的有效性。监管方法的选择依赖于监管主体、监管内容、监管对象甚至是监管时机,只有采用科学的、系统的、有效的监管方法,才能实现监管目标。

按照“3E”理论,监管方法包括实现物因素本质安全的工程技术方法;既包括对物因素的管理也包括对人因素管理的狭义管理方法;人员安全素质重要保障的教育方法。

按照“3P”理论,监管方法包括事前预防的方法、事中应急的方法和事后惩戒的方法。事前预防的方法首先是要应用工程技术手段来实现系统的本质安全;二是强化法制监管;三是推进科学管理;四是推进安全文化建设。事中应急的方法作为应急管理过程中的一个极其重要的内容,包括应急准备、应急响应和应急恢复三方面的内容。事后惩戒的方法是通过分析事故致因,制定改进措施,实施整改,坚持“四不放过”原则,做到同类事故不再发生。

8.2　基于 RBS/M 的社会稳定风险分级管控模式

8.2.1　社会稳定风险的分级管控模式

RBS/M 方法的核心就是按照现实风险状况,确定风险等级,依据不同的风险等级,再进行安全监管。分级分类监管可以使监管能够抓准工作重点,协调监管力量和监管需求之间的不平衡,提高监管工作的效率,是符合我国监管实际的安全监管模式。

社会稳定风险评估强调关口前移、重心下移和风险的源头治理,是一项从源头上化解社会风险和推动传统维稳模式转型的重要制度安排,有利于实现对社会稳定风险的事前主动防控,以更积极的姿态化解矛盾,对于创造动态社会稳定和推进国家治理现代化有着重要意义。如何管理、化解社会稳定风险已成为维护社会和谐的一个重大课题,虽然学界也进行了有益的探索,但到目前为止还没有一个比较完善的重大工程社会稳定风险管理模式和体系,各地也都在摸着石头过河,重大工程引发社会稳定风险的管理基本上还处于应急处理阶段。鉴于此,本书尝试将 RBS/M 引入重大工程社会稳定风险管理中来,设计基于 RBS/M 的重大工程社会稳定风险分级管控模式。

根据职业健康安全管理体系的风险控制措施制定原则,确定重大工程的社会稳定风险控制措施制定原则:

(1) 风险控制措施应考虑风险的可能性与严重性的等级,并尽可能按照消除、替代、控制、采取防护措施的思路进行设置。

(2) 对于不可接受风险,需采取相应的风险控制措施来降低风险,使其达到可接受水平。

(3) 对于可接受风险，则应继续保持相应的风险控制措施，以防其风险变大至不可接受范围。

根据上述原则对不同等级风险制定相应程度控制措施，见表 8-3。

表 8-3　风险分级控制措施

风险等级	控制措施
低风险	可接受的风险等级，需要采取适当调整与引导，提高有关法律条款、行业、社会的适应性
中风险	有限可接受的风险等级，需要通过强化安全管理、加强舆论引导等预警控制措施，将风险降低至安全水平
高风险	不可接受的风险等级，必须通过重点监察、加大追责力度等重点防范措施以保证降低风险程度

不同的风险等级反映了重大工程社会稳定风险水平的高低。社会稳定风险等级高，说明该工程引发环境群体性突发事件的可能性比较大，政府部门应该进行高级别的社会稳定风险预警和预控；反之，社会稳定风险等级低，说明该工程引发环境群体性突发事件的可能性相对较小，应该对其进行低级别的社会稳定风险预警和预控。重大工程基于风险的分级管控是指政府部门以 RBS/M 理论方法体系为技术指导，对重大工程社会稳定风险实施分级、分类管控，使得政府的管控方式和应急管理举措能够与重大工程的风险等级相适应、相匹配，实现风险的“实时报警、适时预警、分级管控”。

如表 8-4 所列，社会稳定风险等级与政府管理部门的分级管控策略相匹配才能实现资源投入和安全效果的最优配比。当政府管控策略低于社会稳定安全等级时，所投入的风险控制不足以有效控制风险；当政府管控策略高于社会稳定风险等级时，又造成了资源浪费；当政府管控策略等级恰好对应于社会稳定风险等级时，不仅能够有效地控制风险，保证社会系统的安全性和稳定性，而且此时政府管控资源的投入也属于“恰好足以有效控制风险”的状态，实现了资源投入和安全效果的最优配比。

表 8-4　重大工程社会稳定风险分级管控策略匹配体系

社会稳定风险等级	社会稳定风险分级管控策略			
	高级别管控	较高级别管控	中级别管控	低级别管控
Ⅰ	合理、可接受	不合理、不可接受	不合理、不可接受	不合理、不可接受
Ⅱ	不合理、可接受	合理、可接受	不合理、不可接受	不合理、不可接受
Ⅲ	不合理、可接受	不合理、可接受	合理、可接受	不合理、不可接受
Ⅳ	不合理、可接受	不合理、可接受	不合理、可接受	合理、可接受

总之,对于重大工程项目来说,政府决策和管理部门要根据风险评价结果和等级,有针对性地制定科学合理的风险防控和应急预案,缓解公众的忧虑性感知,使得公众有所凭借和依赖,并使其风险感知回归于合理状态。值得注意的是,分级管控方式的采用是建立在对重大工程项目社会稳定风险分级评估基础之上的,如何实现对重大工程项目社会稳定风险水平的合理评估至关重要,这也正是本研究今后继续努力的方向。总之,将“稳评”嵌入政府对重大工程的决策中,有利于实现事前主动的风险预防和矛盾化解,面对当前我国严峻的维稳形势,治本之策还在于有效的制度建设和机制创新。

8.2.2　重大工程社会稳定风险分级预警管理的实现

8.2.2.1　风险预警模式设计

在风险辨识、风险评价的基础上,实施风险预控的基本方式就是实现风险的动态预警。风险预警的模式有[96]:

(1) 管理预警。通过对辨识和分析出的风险因子的掌握,在作业过程中,适时地对可能的风险进行人工动态识别和报警,应用风险报警平台和信息系统发布,从而指导相关方进行风险控制和防范。

(2) 技术预警。应用技术手段,如人工检测、自动检测技术系统对风险参数进行监测报警。

(3) 人工预警。建立在人的警觉性和识别能力素质的基础上,其作业人员和管理人员根据作业过程对可能或已经出现的风险进行人工(口头、电话、传真、网络等手段)报警。

(4) 自动预警。建立在技术手段基础上的自动报警,即利用视频图像识别、仪器参数监控的自动报警系统,如现场视频监控系统、煤矿瓦斯报警系统等进行预警。自动预警是先进的,但也是有限的。

(5) 适时预警。即与作业工况和作业过程同步的动态预警方式,这种方式需要人工报警与自动报警的结合,是我们主要推崇的风险预警预控管理方式。

(6) 定期(或周期)预警等。即建立在风险分析的基础上,对可能的风险类型、原因、发生方式、发生区位、程度、频度等,进行定期(每月、每季度或每年)预警发布,以引起警觉和采取有效措施进行防范和控制。

在对企业推行具体的风险预警机制或模式的过程中,一般是根据企业生产方式和风险特点,建立多种模式相结合的风险综合预警系统。

8.2.2.2 重大工程社会稳定风险预警模式设计

重大工程社会稳定风险预警主要包括警源、警素、警兆、警度四个关键要素。警源是产生危害事件的问题根源,社会稳定风险预警中的问题主要来自法律政策、设备质量、经济利益、社会生活四个方面,如法律冲突、环境污染、生活成本升高等;警素是指重大工程项目涉及的风险因素,风险因素的产生、发展、演化最终可能导致危害事件发生,是预警过程中辨识评估的对象;警兆即危害事件产生前出现的预兆,警兆的出现往往伴随风险程度的增大;警度即风险的程度,警度增大,表示风险等级升高,可能导致危害事件发生的概率及危害加大。由此可见,风险预警就是寻找警源、辨识警素、根据警兆确定警度,最终实现风险最小化的过程。根据此过程,结合重大工程项目社会稳定风险的特性,即可形成适用于重大工程项目的社会稳定风险预警模式。

社会稳定风险随着重大工程项目生命周期的发展具有显著的动态性,一方面表现为风险的发展,在此过程中风险因素的数量、程度、影响范围以及危害事件发生概率和后果损失不断改变;另一方面表现为风险的演化,此过程中风险产生质的变化,形成新风险或事件。风险的发展决定了社会稳定风险预警应贯穿于重大项目全生命周期;风险的演化决定了风险预警的流程应为持续改进的循环模式。基于 RBS/M 理论,本书构建了针对重大工程项目社会稳定风险的风险预警闭环模式,见图 8-7。

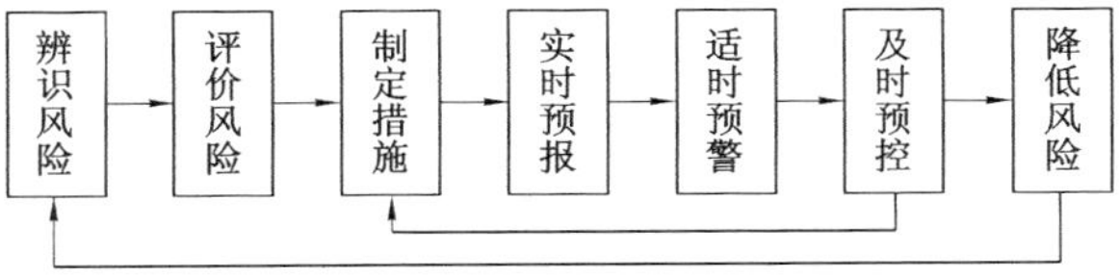

图 8-7　风险预警闭环模式

闭环模式较原有"辨识-评价-控制"三步策略增加了实时预报、适时预警和及时预控(简称"三预")环节,即作业现场实时预报、安全专业部门适时预警和各主管部门及时预控,以降低风险等级,实现风险预警预控和风险最小化,其中根据风险预控的效果反馈可及时调整控制措施。降低风险后应再次对风险进行辨识,形成循环模式,及时应对因控制措施介入引起的风险演化现象。

以重大工程项目从决策、设计、建设到投入使用的全生命周期为对象,对项目涉及的法规政策、设备质量、经济利益、社会生活等风险进行预警,形成重大工程项目社会稳定风险预警预控的霍尔三维结构模型,如图 8-8 所示。

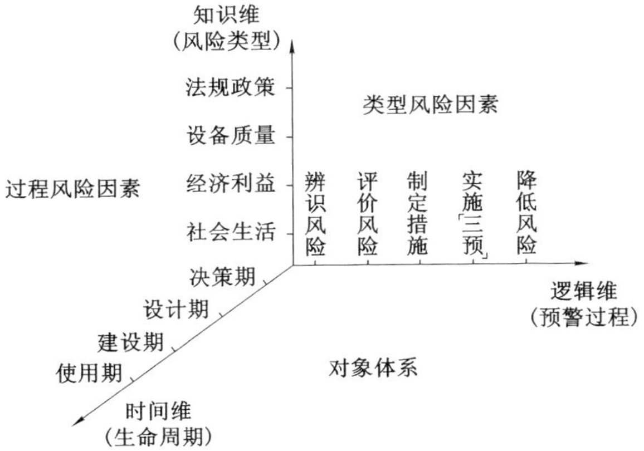

图 8-8　霍尔三维结构模型

霍尔的三维结构模型将重大工程项目社会稳定风险的预警方法和步骤

清楚地表达出来，在一个系统中的任一工作阶段都包括不同的逻辑思维过程和所需的知识类型，该模型的任一向量都可表示出系统工程所处的任一位置，这即是霍尔三维结构模型方法的本质。因此，风险预警过程不只局限于项目工作开展前，而是随着工程项目生命周期层层推进，以在重大工程项目全生命周期循环递进的方式下实现社会稳定风险预警预控和风险最小化目标，如图 8-9 所示。

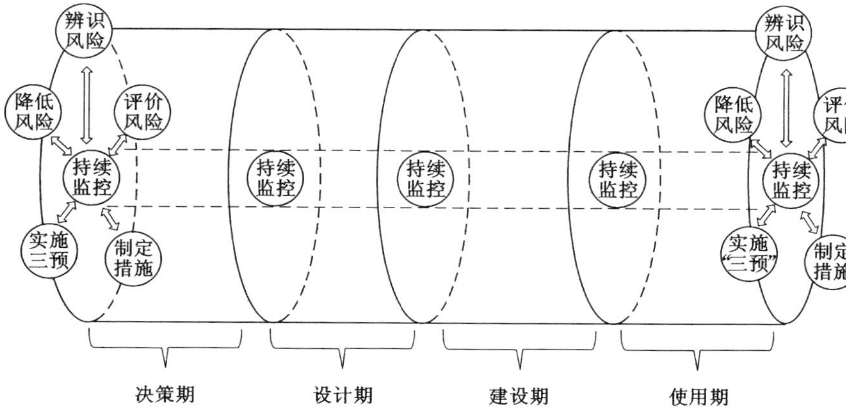

图 8-9　重大工程项目全生命周期的持续监控模式

实施“三预”的主要内容是作业现场实时预报、安全专业部门适时预警和各主管部门及时预控。实施流程均基于前期的风险辨识、评价和控制措施制定的成果，具体内容为：作业现场依据前期风险辨识的成果对风险因素的状态和变化进行实时预报；安全专业部门针对风险预报情况，结合风险评价得出的风险等级对社会稳定风险状况进行风险预警，如图 8-10 所示；各级主管部门依据前期制定的风险分级控制措施，根据预警等级对预报的风险因素进行及时预控。

图 8-10 中，第一条线（注：图中自上而下分别为第一、第二、第三条线）为可接受风险的控制线，当社会稳定风险的值高于该线时，社会稳定风险为不可接受的风险，这时候应该重点关注公众情绪变化，加强对网络舆情监管，同时政府相关部门要加强风险沟通，及时引导公众舆论，对相关谣言及时澄清，消除公众对立和愤怒情绪，以防各种不稳定因素出现耦合从而爆发群体性突发事件；第一条线和第三条线之间为 ALARP 区域，这时候虽然社会稳

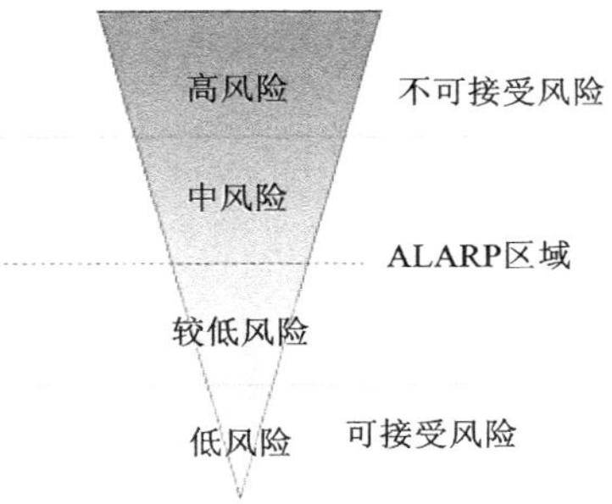

图 8-10　风险预警标识

定状态处于中风险和较低风险,但是也要针对公众质疑及时进行信息公开,拓宽公众表达诉求的渠道,及时对较低风险和中风险进行疏通和释放,防止风险积聚到一定程度转化为不可接受风险,对社会稳定产生不利影响;如果社会稳定风险的值落在 ALARP 下限以下,则为低风险区,其风险可被忽略。

RBS/M 方法具有有效性、系统性、针对性、及时性、科学性和合理性的特点,能够解决政府和企业安全管理中监管资源不足、监管对象盲目、监管过程失控、监管效能低下等现实问题,从而对提高安全生产监管水平和事故防控能力发挥作用。目前 RBS/M 的理论和方法还在发展和完善中,在理论上需要深入研究探索和培训,在实践上需要广泛的应用实践和验证,但我们坚信基于安全本质和规律的 RBS/M 方法能够对提升我国的安全生产监管水平发挥积极重要的作用[3]。

8.2.2.3　重大工程社会稳定风险预警预控信息系统

风险预警预控管理在实际运行过程中有大量的数据需要处理,预警管理要求极强的时效性,预警信号更是要靠显示屏或声音及时直观地显示。风险预警预控管理的实现必须依靠计算机和网络技术,开发风险预警预控管理系统。危险态一旦出现,系统操作人员应立即将其输入系统,系统通过分析输入的危险态的风险等级发出预警信号,与此同时,提出可供参考的控制措施[96]。

风险预警预控信息系统应具有以下基本功能:

(1) 数据管理。输入、报告出现的安全预警要素(危险态);浏览、修改、增加、删除报警信息。有些数据指标信息的采集力争达到自动和风险预警预控系统接口,实现自动报警。

(2) 数据处理和预警信号发布。根据报警信息得出工作场所风险等级并发布多媒体预警信号。警示信息可以附加危险态的照片或超过限度的指标值。

(3) 人机交互。在系统开发和运行过程中,提供用户跟踪检验主客观认识是否一致的接口,可按需要增加、删除、更新预警要素或改动预警要素的风险等级,使报警信息更加准确。

(4) 控制措施提示。伴随预警信息的发布,相关的控制措施、应急预案也显示出来提示相关部门人员及时、有效地进行控制。

(5) 报告生成。软件系统可以把某阶段报告的预警信息汇总,并生成报告,便于阶段性的比较和整改。

系统的工作流程见图 8-11。

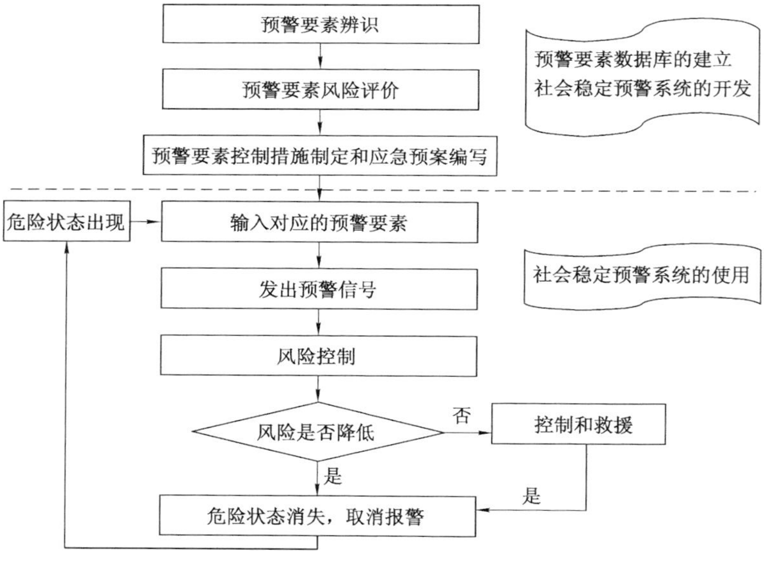

图 8-11 风险预警预控管理系统工作流程

8.2.2.4 重大工程社会稳定风险预警预控管理机制

拥有风险预警预控管理的理论和系统辨识评价的结果,同时建立风险管理的数据库和信息管理平台,也并不能保证风险预警预控功能的发挥和措施的有效实施。重大工程社会稳定风险预警管理的实现还需要相应的预警预控管理机制来保证。具体预警预控管理机制可通过如下管理制度来体现：

（1）安全预警预控管理系统维护制度。

（2）警情报告制度。

（3）预警要素数据库更新制度。

（4）发出预警信号后风险控制和应急反应制度。

（5）社会稳定风险预警工作评估制度。

重大工程项目建设和作业过程的风险是动态的、变化的，我们不能仅仅依靠静态的管理方法来应对变化和动态的风险现实，而是要实现动态的、超前预防的风险管理模式。同时，我们的风险管理资源（风险管理人员和时间的投入，风险管理的措施经费，检查、监控的能力水平等）是有限的，因此，对重大工程项目建设过程中的风险管理进行科学严密的分级和分层，追求风险管理的成本最小化和综合效益最大化是现代社会管理的需要。本书探讨的重大工程项目社会稳定风险预警与预控理论和方法，就是一种满足这样的管理理念和管理目标的先进方法。

风险预警预控管理是安全管理研究中的一个新的领域，需要在具体的工作实践中不断完善和改进。随着风险预警预控理论和方法的应用，我们可以为各行业、企业的预警预控管理制定统一的标准和规范，以便各行业、企业之间对比、学习，使风险预警预控管理成为各行业、企业的安全管理的重要组成部分，并对社会稳定和安全生产保障及事故预防发挥更有效的作用。

8.3　完善重大工程社会稳定风险的相关建议

8.3.1　重视公众风险感知，提升政府风险沟通能力

通过对国内众多典型的重大工程项目引发的风险型环境群体性事件的梳理和分析，可以看出，公众的风险感知问题已经成为环境敏感性重大工程引发群体性事件的重要心理根源，社会稳定风险的高低很大程度上取决于公众基于对项目风险的感知而产生的抗争和行动。因此，针对环境敏感性

重大工程社会稳定风险评估,“亟待将‘公众风险感知’纳入我国现行的稳评机制当中,使之成为‘稳评’不可或缺的一部分,也使之成为政府重大决策的重要依据”。这就要求政府部门提升风险沟通意识,加强风险沟通能力,一方面,政府部门要将风险沟通贯穿于重大工程项目“稳评”的全过程,将问卷调查、专家论证、座谈会、听证会和实地走访结合起来,采取多种渠道和方式及时与事件相关主体沟通,与公众、媒体互动并反馈信息,最大限度消除公众和政府及相关方之间的风险感知差异,消弭群体性事件发生的心理基础。另一方面,要将获得公众风险感知的风险沟通方式进一步程序化和规范化,建立风险沟通机制,建立新闻发言人制度,及时发布官方信息。强化上下级及部门间的信息传递,并将非政府组织和公众参与纳入信息沟通网络,及时感知公众心理和诉求变化,推动关口前移、重心下移,将风险的源头治理、动态治理和全过程治理结合起来,构建风险的综合治理体系,推动“灭火式”的应急管理向综合风险治理转变,从而实现中国当前传统维稳模式的大转型。

8.3.2 完善信息公开机制,保障公众知情权

目前我国信息公开工作已取得较大进展,但存在的问题仍旧突出,信息公开是环境群体性事件应急管理过程的重要内容之一,为保障公众的知情权,政府需要对信息公开工作进行完善。一是健全信息公开法制建设。目前《中华人民共和国政府信息公开条例》规定的内容在实践中存在可行性和可操作性不足的问题,需要完善相关法律法规,如通过制定信息公开相关法律,提高信息公开透明度。二是增强政府信息公开意识。无论是环境污染事件,还是风险型环境群体性事件,都具有突发性和不确定性,政府在处理过程中必须严肃谨慎,在全面收集、分析信息后主动向公众公开,公众才能够准确、全面了解事件相关信息,避免公众与政府之间信息不对称。三是建立危机信息管理机构。专门的信息管理机构能够帮助政府协调各级信息发布机构、畅通信息传递渠道,及时对信息进行处理和分析,提升政府信息公开的时效性。四是明确信息公开标准。在信息公开时效性与环境群体性事件安全指数的作用关系中可以看出,信息公开过快或过慢都不利于环境群体性事件的稳定,因此政府需要依照规定的信息公开范围、时间等,适时公开环境群体性事件的相关信息。五是丰富信息公开渠道。政府可以加强对新媒体的利用,丰富信息公开方式。例如利用宽带局域网、无线通信网、卫

星等渠道以及电脑、手机、数字电视机等媒介向公众传递相关信息,引导舆论走向。

8.3.3 加强公众参与,提高环境决策公众参与度

虽然我国现行的与环境相关的法律法规也对公众参与做了相应规定,但在实际操作中,公众在大多数情况下并不能参与环评,无法表达自身意见和相关诉求。公众环境决策参与度低,造成一些项目开始建设后公众才知情,损害了公众的环境知情权,使公众产生相对剥夺感,容易引发公众与政府之间的矛盾。加强公众参与,必须将公众参与作为"稳评"工作的必经过程进行制度化和程序化。首先要用科学的方法全面有效地识别出各利益相关者,保证参与社会稳定风险评估民众的代表性与公正性。其次,要鼓励接纳社会上部分专家和媒体、公益组织等参与到社会稳定风险评估工作中来,以提高"稳评"的科学性与透明性。最后,还要建立环境问题协商对话机制,将更大范围的公众意见纳入环境决策意见征询的工作机制中来,更大程度上调动公众参与环境相关问题决策的积极性。

8.3.4 完善回应机制,提升政府回应能力

政府部门要树立服务意识,提高自身回应民众利益诉求的能力。一是树立回应意识。环境群体性事件通常具备矛盾累积的过程,在这个过程中,公众通常会通过各种渠道表达自身诉求,若未得到回应则会使矛盾激化。政府需要树立主动回应的意识,表现出对事件的关注,积极回应公众的环境诉求,才能起到化解矛盾并避免环境问题恶化的作用。二是解决地方政府自身职能障碍。回应性不足的原因之一是政府自身职能不够完善,因此可以从加强地方环保部门监督功能、完善社会稳定风险评估机制、强化政府部门间合作以提高环境工作质量等方面完善政府自身职能。三是完善前瞻性回应机制。健全环境公益诉讼制度,使环保组织等公众主体通过司法渠道提前预防环境纠纷。建立环境问题协商对话机制,将更大范围的公众意见纳入环境决策意见征询的工作中来,调动公众参与决策的积极性。前瞻性回应机制的完善,可以使政府对环境群体性事件进行预防,并从更长远、广泛的角度回应公众的环境诉求。

第9章 结束语

9.1 结　论

本书根据环境敏感性重大工程社会稳定风险的特点，从公众风险感知的视角出发，构建全新的基于公众风险感知的社会稳定风险评估分析框架，这是本书研究的一个新视角。本书根据风险及社会风险的特征，给出了环境敏感性重大工程社会稳定风险的科学定义，将突变理论引入社会风险分析，从突变角度对风险的产生、发展和演化机理进行探究，并从公众风险感知角度出发，构建了全新的基于公众风险感知的社会稳定风险评估模式和方法，从实际应用出发，为环境敏感性重大工程的社会稳定风险的评价和管控作出探索性研究，为构建完善的重大工程稳评机制和模式提供了一种新的思路、理论和方法。本书主要形成了以下六个方面的研究成果：

(1) 对环境敏感性重大工程社会稳定风险的内涵进行了科学界定，即虽然污染实际上并未发生，但公众由于担心具有环境风险的重大工程项目上马后会对自身居住环境和身体健康带来威胁而进行抵制，存在爆发群体性突发事件的可能性。研究了环境敏感性重大工程社会稳定风险的典型特征，包括客观性和主观感知性、时间维度和空间维度、可预见性和可控性，为环境敏感性重大工程社会稳定风险机理分析和评价方法选择以及可接受准则的确定奠定了基础。

(2) 对近年来由环境敏感性重大工程引发的典型环境群体性事件案例进行了梳理，从“4M”视角入手分析了这些环境群体性事件爆发的根本原因，识别出了环境群体性事件发生的13个影响因素，并对这些影响因素进行了解释结构模型分析，明确了各影响因素在环境敏感性重大工程社会稳定风险系统中的结构关系。

(3) 基于对环境群体性突发事件影响因素的分析，对重大工程社会稳定风险的一般机理和环境敏感性重大工程引发群体性事件的转化机理分别进行了分析。从社会稳定风险产生、发展和演化三个阶段剖析了政府、群众、项目运营方等相关主体及多方面影响因素在重大工程建设过程中的运动、发展和演化规律，构建了重大工程社会稳定风险的一般机理体系。从公众风险感知差异和政府行为管理失当两个方面论述了敏感性重大工程的环境风险到群体性事件爆发的社会稳定风险的突变机理，构建了环境敏感性重大工程社会稳定风险的突变路径模型。

(4) 阐述了突变理论的优势和特点，其适用于对不确定性和复杂性系统进行分析。根据突变理论的数学原理，选择相应控制变量和状态变量，构建了环境敏感性重大工程社会稳定风险尖点突变势函数结构模型，从而分别获得了稳定状态、临界稳定状态和不稳定状态下的环境敏感性重大工程社会稳定情景组合表，并选取四川什邡钼铜项目群体性事件作为案例进行了社会稳定风险尖点突变模型情景推演。

(5) 根据环境敏感性重大工程社会稳定风险的特点，引入突变级数法。突变级数法不需要对各指标确定权重，从而减少了评价过程中的主观性，具有科学性和合理性。综合考虑环境敏感性重大工程的公众风险感知因素、政府行为管理因素、项目固有风险因素和社会系统环境因素等"4M"要素，运用因子分析法对关键因素进行优选，得到了环境敏感性重大工程社会稳定风险的突变评价模型和评价指标体系。研究了社会稳定风险的可接受准则，提出了环境敏感性重大工程基于风险的管控(RBS/M)理念，探讨基于风险分级的环境敏感性重大工程社会稳定风险管控模式。

(6) 选取南阳核电站这一环境敏感性重大工程为实证分析对象，根据问卷调查和深度访谈对南阳市区、云阳镇和高庄村三地民众的风险感知状态进行了调查，根据调查结果和收集的数据，运用构建的环境敏感性重大工程社会稳定风险综合量化模型对三地的社会稳定风险状态进行了评价，并结合调研情况对评价结果进行了合理性分析，设定了社会稳定风险的可接受准则，并从多个方面对环境敏感性重大工程社会稳定风险的综合治理提出了意见和建议。

9.2 主要创新点

本书的主要创新点包括以下几个方面：

(1) 提出并定义了环境敏感性重大工程社会稳定风险的概念。在理论分析的基础上，明确提出环境敏感性重大工程社会稳定风险的概念，并对其进行科学定义，分析了环境敏感性重大工程社会稳定风险的基本内涵、主要特征及影响因素。

(2) 构建了环境敏感性重大工程社会稳定风险理论模型，分析了其形成机理。基于事故致因理论分析了环境敏感性重大工程社会稳定风险的主要影响因子，构建了环境敏感性重大工程社会稳定风险的机理模型。从社会稳定风险的产生机理、发展机理和演化机理三个阶段剖析了政府、群众、项目运营方等相关主体及多方面影响因素在重大工程建设过程中的运动、发展和演化规律，构建了重大工程社会稳定风险的一般机理体系。从公众风险感知和政府行为管理两个关键因素出发分析了环境敏感性重大工程从环境风险到群体性社会稳定突发事件再到社会危机的突变机理。

(3) 设计了环境敏感性重大工程的社会稳定风险评价指标体系，建立了定量分析模型和稳评机制。从公众风险感知视角出发，首次将突变理论引入社会稳定风险领域，构建了环境敏感性重大工程的社会稳定风险评价指标体系，并设计了基于突变级数法的环境敏感性重大工程社会稳定风险综合量化模型。制定了环境敏感性重大工程社会稳定风险分级标准和可接受性准则，为环境敏感性重大工程社会稳定风险管控作出探索性研究，同时也为完善我国现行的稳评机制和模式提供了一种新的思路、理论和方法。

(4) 引入了基于风险的管控(RBS/M)理念，探讨基于风险分级的重大工程社会稳定风险的分级管控和预警模式，以期为重大工程社会稳定风险的防控和治理提供新的思路。

9.3 展　　望

本书可为政府决策部门对我国环境敏感性重大工程的社会稳定风险评

价和管控提供新的思路借鉴和理论参考，但是由于作者知识结构的限制、时间的有限和部分数据获取的难度，仅取得了初步的研究成果，仍存在相当一部分不足，今后还可以在以下几个方面进行进一步的研究和完善：

（1）由于受到时间、数据的限制，本书仅对环境敏感性重大工程的社会稳定风险进行了尖点突变的分析，今后可创建更高维度的重大工程社会稳定风险突变结构模型，如燕尾模型、蝴蝶模型等，从而对重大工程社会稳定风险进行更深层次的机理分析与研究。

（2）由于社会稳定系统和突变理论的复杂性，本书基于突变理论建立的环境敏感性重大工程社会稳定风险演化机理模型基本都是定性研究，在后续的研究中，可以将定量研究渗透到模型中，将案例数据运用到模型进行计算，计算出其突跳点，从而使得研究更具有科学性。

（3）由于公众的风险感知是一个复杂的生理和心理过程，受到经济、政治、文化和媒介等社会因素和个体自身社会经济背景因素的综合交叉影响和作用，所以从哪些方面和指标来准确衡量是一个现实中的难题，本书基于突变级数法构建的环境敏感性重大工程社会稳定风险评价指标体系，其中很大一部分指标都是建立在之前已发生以及前人的相关研究基础之上的，对于某些关键指标因素可能未有涉及，使得评价模型的指标体系可能存在漏洞。

（4）在实证研究中，本书选取了不同地方在一个时期内的调研数据进行了研究，未能展开大范围不同时间节点的横向、纵向比较研究，如果条件允许，可以针对环境敏感性重大工程的社会稳定风险状况进行时间序列和区域序列分析的实证研究，尤其是运用大规模的风险型环境群体性突发事件的实证数据来验证，从而能够更好地优化环境敏感性重大工程社会稳定风险的定量评价模型。此外，还需对环境敏感性重大工程社会稳定风险的可接受准则进行实时更新和完善，以使其更符合实际情况。

（5）本书设计的环境敏感性重大工程社会稳定风险量化模型和方法，可以为完善现有的重大工程稳评模式和机制提供一定的理论参考和思路借鉴，但是在其具体应用过程中如何获得精确的基础数据是一个挑战，后续过程还需要进行进一步的深入研究。

附　录

附录一　环境敏感性重大工程社会稳定风险影响因素调查问卷

尊敬的各位专家：

您好！首先十分感谢您在百忙之中参与本次问卷调查。本问卷旨在调查环境敏感性重大工程项目社会稳定风险的影响因素，以了解不同影响因素对环境敏感性重大工程项目社会稳定风险的作用机理，进而为加强环境敏感性重大工程项目社会稳定风险的管控和治理提供相关政策建议。问卷仅供统计分析和研究，问卷回答的具体内容完全保密，不涉及任何商业用途，所获数据仅用于学术研究。

本问卷采用5级打分法，各分值的含义为：20～100分表示从不重要到非常重要，20分为不重要，40分为不太重要，60分为一般重要，80分为重要，100分为非常重要，请根据您的工作经验及专业能力，选择每一指标对于环境敏感性重大工程项目社会稳定风险的重要程度。谢谢您的合作以及为此付出的宝贵时间。

完成本问卷大约需要20分钟。感谢您的参与与配合！

一、基本信息（请选择后在框内打☑，或直接填写）

● 性别：□男　□女

● 工龄：□0～4年　□5～8年　□9～11年　□12～14年

□15 年及以上

- 教育程度：□大学（本专科）以下　□大学（本专科）　□硕士
  □博士及以上
- 工作单位：□政府机关　□事业单位　□企业　□研究机构　□高校
  □其他
- 职业类型：□管理型　□技术型　□研究型　□事务型　□其他

二、问卷调查表

说明：环境敏感性重大工程社会稳定风险，是指虽然污染实际上并未发生，但公众由于担心具有环境风险的重大工程项目上马后会对自身居住环境和身体健康带来威胁而进行群体抵制，爆发群体性突发事件的可能性。

环境敏感性重大工程社会稳定风险按照来源，分为“人的因素”——公众风险感知；“物或技术的因素”——项目固有风险；“管理因素”——政府行为管理；“环境因素”——社会系统环境。

项目社会稳定风险

表 1　项目社会稳定风险影响因素调查表

类型	重要程度 （不重要←20，40，60，80，100→非常重要）	备注 （需要增加的指标）
公众风险感知		
政府行为管理		
项目固有风险		
社会系统环境		

公众风险感知

表 2 公众风险感知子指标调查表

子指标及含义	重要程度 (不重要←20,40,60,80,100→非常重要)	备注 (需要增加的指标)
项目风险特征:其定义为公众对工程项目环境污染风险的致命性、严重性和可控性的判断。不同类型的风险对象的危害判断和风险感知评估是有差异的,公众一般对可致命的、不可控的、比较严重的危险有着更高的风险感知。		
项目熟悉程度:即公众对敏感工程项目的熟悉程度。一般来说人们对风险对象和事件越熟悉,了解的相关信息就越多,对规避风险的知识储备得也就越多,对风险对象和事件带来的不确定危害的担忧也就越小。公众对不熟悉的、未知的、会带来恐惧的危险有着更高的风险感知。		
媒体舆论:公众风险感知放大的根源在于风险的社会体验,包括直接的个人体验和间接的次级体验。当直接的个人体验缺失或极少时,个体则从其他人或媒体那里获得风险感知,媒体舆论对工程项目潜在风险的报道和引导,以及是否存在谣言,政府媒体的及时澄清和引导,对公众风险感知都有着重要的影响。		

政府行为管理

表 3 政府行为管理子指标调查表

子指标及含义	重要程度 (不重要←20,40,60,80,100→非常重要)	备注 (需要增加的指标)
公众参与:即公众是否参与了环境敏感性重大工程的决策过程,以及在决策过程中公众参与的广度、参与的深度、参与的时间、参与的方式等。公众参与越深入,公众的知情权、表达权、博弈权越能得到保障,对环境敏感性重大工程的接受度相对越高,对政府的信任度也越高。		

表 3(续)

子指标及含义	重要程度 (不重要←20,40,60,80,100→非常重要)	备注 (需要增加的指标)
信息公开:指政府相关部门是否通过召开公开说明会、听证会或电视、报刊、政府网络等多种方式向公众公开环境敏感性重大工程的环评情况及相关方面的信息,保障公众的环境知情权。主要包括公开内容的丰富性、公开内容的可靠性、公开方式的多样性、公开方式的互动性等。		
风险沟通:主要指地方政府是否及早与公众就将要兴建的工程项目的环境风险进行沟通,告知公众该工程项目的环境风险水平和防控措施。政府在进行风险沟通时是否遵循了主动、及时、双向、平等和积极回应等原则。		

项目固有风险

表 4　项目固有风险子指标调查表

子指标及含义	重要程度 (不重要←20,40,60,80,100→非常重要)	备注 (需要增加的指标)
生态环境风险:主要指环境敏感性重大工程项目在生态环境方面的潜在风险,包括环境噪声、辐射风险、粉尘污染、水质污染、空气污染、地质破坏、水土流失等方面的风险。		
技术安全风险:主要指由于环境敏感性重大工程的项目运营方的安全管理机构不完备、安全生产意识淡薄、隐患排查不足、安全管理水平低下等原因,从而导致发生安全生产事故的风险。		
经济利益风险:主要指环境敏感性重大工程项目的建设对当地原有的生产生活产生重要影响,包括对收入、就业、当地的商业经营和项目周边土地及房屋价格的影响,以及该项目对受影响民众的补偿政策是否公平合理、民众是否满意等,还包括不在补偿范围内的民众产生的损失-收益的公平感。		

社会系统环境

表 5　社会系统环境子指标调查表

子指标及含义	重要程度 （不重要←20，40，60，80，100→非常重要）	备注 （需要增加的指标）
社会心理：主要指公众对项目的环境污染风险是否产生了深深的焦虑和恐惧，包括公众对当前政府治理和环境状况的满意度及容忍度。		
社会信任：主要指公众对政府的信任、对环评专家/机构的信任和对项目运营方的信任。对政府的信任主要包括对中央政府、地方政府、村（居）委会的信任；对环评专家/机构的信任主要包括对环境科学家、项目技术专家和相关环评机构的信任；对项目运营方的信任主要包括对项目涉事企业及其管理机构的信任。		

附录二　南阳市核电站项目社会稳定风险调查问卷

尊敬的先生/女士：

您好！首先十分感谢您在百忙之中参与此次问卷调查。本问卷旨在研究环境敏感性重大工程项目的社会稳定风险情况。答案并没有对错，您客观的填写将对调查完成具有重要影响。问卷仅供统计分析和研究，问卷回答的具体内容完全保密，不涉及任何商业用途，所获数据仅用于学术研究。本次调查无记名，不涉隐私，请勿多虑。如果您对本研究结论感兴趣，请提供邮箱地址或其他联系方式，在研究完成之时我将及时发送与您。谢谢您的合作以及为此付出的宝贵时间。

完成本问卷大约需要 25 分钟。再次感谢您的参与与配合！

一、基本信息

（说明：本部分旨在了解统计样本情况，不涉及您和您单位的机密，请放心填写。请在相应的选项上打“√”。如果您做的是电子版，请将所选项的字体加粗或改为红色。）

- 性别：□男　□女
- 年龄：□0～20 岁　□21～40 岁　□41～60 岁　□60 岁以上
- 教育程度：□小学及以下　□初中　□高中　□大学(本专科)　□研究生及以上
- 工作单位：□政府机关　□事业单位　□企业　□研究机构　□高校　□其他
- 职业类型：□管理型　□技术型　□研究型　□事务型　□其他
- 居住社区：□城市社区　□农村社区

二、问卷调查表

（说明：本部分旨在了解您所参与工程项目的社会稳定风险情况，请您根据自身实际情况做出判断。如无最优项，请选次优项，务必填写完整，避免废卷。）

指标	非常不同意（1分）	不同意（2分）	普通（3分）	同意（4分）	非常同意（5分）
关于公众风险感知情况描述					
核电站带来的污染和风险无法接受					
对核电站相关知识非常不了解					
媒体宣传及舆论导向不利					
关于政府行为管理情况描述					
项目公众参与广度不够					
项目公众参与深度不足					
项目公众参与时间不及时					
项目公众参与方式不全					
项目信息公开内容不全面					
项目信息公开内容不可靠					
项目信息公开方式多样性不够					
项目信息公开方式互动性不足					
政府没有实现双向沟通					
政府沟通平等性不足					
政府沟通及时性不强					
政府沟通真诚性不足					
关于项目固有风险情况描述					
项目生态环境风险的描述					
项目会对生态系统造成破坏 项目会对环境产生污染或破坏					
项目会对当地水资源造成污染或破坏					
项目技术安全风险的描述					
项目管理机构设置不合理					
项目安全生产责任制没有落实					
项目安全管理制度完善性不够					
项目相关安全投入不足					
项目经济利益风险的描述					
项目会影响当地居民收入					
项目会影响当地居民就业					

（续）

指标	非常不同意（1分）	不同意（2分）	普通（3分）	同意（4分）	非常同意（5分）
项目会影响当地的商业经营					
项目会影响附近土地及房屋价值					
征地拆迁补偿及安置不到位					
征地拆迁后居民对生活开始担忧					
关于社会系统环境情况描述					
社会心理	非常满意（5）	比较满意（4）	中性（3）	比较不满意（2）	非常不满意（1）
对当前环境的满意度					
对当地干群关系的满意度					
对当地社会秩序的满意度					
对环境污染的容忍度					
对腐败现象的容忍度					
对司法不公正的容忍度					
对当地收入差距的容忍度					
社会信任	非常信任（5）	比较信任（4）	中性（3）	比较不信任（2）	非常不信任（1）
对当地政府机关的信任度					
对项目环评专家/机构的信任度					
对项目运营方的信任度					

附录三　本书以“社会稳定风险”和“重大工程”为关键词进行检索的文件概览

[1]《中共中央关于构建社会主义和谐社会若干重大问题的决定》(中发〔2006〕19 号,2006 年 10 月 11 日*);

[2]《国务院办公厅关于转发国家发展计划委员会〈国家重大建设项目稽察办法〉的通知》(国办发〔2000〕54 号,2000 年 7 月 31 日);

[3]《国务院办公厅关于认真做好城镇房屋拆迁工作维护社会稳定的紧急通知》(国办发明电〔2003〕42 号,2003 年 9 月 19 日);

[4]《建设部办公厅关于认真做好拆迁管理维护社会稳定的紧急通知》(建办住房电〔2003〕31 号,2003 年 8 月 18 日);

[5]《卫生部关于建立卫生系统重大事项社会稳定风险评估机制的指导意见(试行)》(卫办发〔2011〕2 号,2011 年 1 月 5 日);

[6]《江西省建设厅关于认真贯彻落实全国城市房屋拆迁工作座谈会会议精神抓紧做好全省拆迁管理工作维护社会稳定的通知》(赣建房〔2002〕24 号,2002 年 10 月 10 日);

[7]《北京市国土资源和房屋管理局关于贯彻落实市政府办公厅〈转发国务院办公厅关于认真做好城镇房屋拆迁工作维护社会稳定文件的通知〉加强国庆期间房屋拆迁工作的紧急通知》(京国土房管拆〔2003〕861 号,2003 年 9 月 28 日);

[8]《北京市人民政府办公厅转发国务院办公厅关于认真做好城镇房屋拆迁工作维护社会稳定文件的通知》(京政办发〔2003〕48 号,2003 年 9 月 23 日);

[9]《北京市人民政府关于做好房屋拆迁工作维护社会稳定的意见》(京政发〔2003〕24 号,2003 年 11 月 10 日);

[10]《中共北京市国土资源局党组关于加强风险防控完善“三重一大”决策制度的实施办法》(2011 年 2 月 18 日);

[11]《重庆市人民政府关于认真做好城市房屋拆迁工作维护社会稳定的紧急通知》(渝府发〔2003〕75 号,2003 年 10 月 28 日);

注:括号内为文件生效日期,下同。

[12]《上海市房屋土地资源管理局、上海市建设和管理委员会转发建设部办公厅〈关于认真做好拆迁管理维护社会稳定的紧急通知〉的通知》(沪房地资拆〔2003〕337 号,2003 年 8 月 22 日);

[13]《黑龙江省人民政府办公厅转发国务院办公厅〈关于认真做好城镇房屋拆迁工作维护社会稳定的紧急通知〉的通知》(黑政办明传〔2003〕45 号,2003 年 10 月 24 日);

[14]《广东省建设厅转发建设部办公厅关于认真做好拆迁管理维护社会稳定的紧急通知》(粤建房函〔2003〕418 号,2003 年 8 月 22 日);

[15]《江西省人民政府办公厅关于认真做好城镇房屋拆迁工作维护社会稳定的通知》(赣府厅发〔2003〕40 号,2003 年 10 月 28 日);

[16]《泸州市人民政府办公室关于认真做好城镇房屋拆迁工作维护社会稳定的紧急通知》(泸市府办发〔2003〕133 号,2003 年 11 月 6 日);

[17]《福建省人民政府关于转发国务院国资委〈关于建立国有企业改革重大事项社会稳定风险评估机制的指导意见〉的通知》(闽国资企改〔2010〕166 号,2010 年 12 月 20 日);

[18]《四川省社会稳定风险评估暂行办法》(四川省人民政府令〔2010〕第 246 号,2010 年 12 月 1 日);

[19]《安徽省人民政府办公厅转发国务院办公厅关于认真做好城镇房屋拆迁工作维护社会稳定的紧急通知》(皖政办明电〔2003〕70 号,2003 年 9 月 23 日);

[20]《青海省人民政府办公厅转发省国土资源厅等 4 部门关于在征地拆迁中做好社会稳定工作意见的通知》(青政办〔2004〕154 号,2004 年 8 月 16 日);

[21]《青海省人民政府办公厅转发省建设厅关于认真做好城镇房屋拆迁工作维护社会稳定实施意见的通知》(青政办〔2003〕176 号,2003 年 12 月 9 日);

[22]《内蒙古自治区人民政府办公厅转发国务院办公厅关于认真做好城市房屋拆迁工作维护社会稳定的紧急通知》(内政办字〔2003〕第 361 号,2003 年 10 月 10 日);

[23]《江苏省南京市房产管理局关于印发〈南京市城市房屋拆迁社会稳定风险评估办法〉的通知》(宁房拆〔2009〕159 号,2009 年 8 月 14 日);

[24]《中共深圳市委办公厅　深圳市人民政府办公厅关于印发〈深圳市重大事项社会稳定风险评估办法〉的通知》(深办〔2008〕6 号,2008 年 2 月 4 日);

[25]《中共济南市委办公厅　济南市人民政府办公厅关于印发〈济南市重大事项社会稳定风险评估化解制度(试行)〉的通知》(济办发〔2009〕11 号,2009 年 5 月 9 日);

[26]《枣庄市人民政府办公室关于建立城市房屋拆迁社会稳定风险评估制度的指导意见》(枣政办发〔2010〕29 号,2010 年 5 月 31 日);

[27]《成都市建设委员会关于开展重大事项信访稳定风险评估工作的通知》(成建委发〔2010〕515 号,2010 年 8 月 19 日);

[28]《石家庄市建设局关于实施城市房屋拆迁社会稳定风险评估的意见》(石建办〔2010〕168 号,2010 年 11 月 2 日);

[29]《眉山市人民政府关于印发眉山市社会稳定风险评估实施细则(试行)的通知》(眉府发〔2011〕12 号,2011 年 3 月 31 日);

[30]《攀枝花市社会稳定风险评估实施细则》(攀枝花市人民政府令第 109 号,2011 年 7 月 1 日);

[31]《遂宁市人民政府关于印发〈遂宁市重大行政决策实施后评估制度(试行)〉的通知》(遂府发〔2010〕7 号,2010 年 7 月 2 日);

[32]《内江市社会稳定风险评估实施办法》(内江市人民政府令〔2017〕47 号,2018 年 2 月 1 日);

[33]《泸州市人民政府办公室关于妥善处理群众反映征地拆迁信访问题维护社会稳定的紧急通知》(泸市府办发〔2003〕123 号,2003 年 10 月 22 日);

[34]《淮安市委办公室、市政府办公室关于印发〈淮安市重大事项社会稳定风险预测评估化解制度(试行)〉、〈淮安市施行重大事项社会稳定风险预测评估化解制度考评办法〉的通知》(淮办发〔2006〕86 号,2006 年 11 月 23 日);

[35]《四川省环境保护局关于印发〈建设项目社会稳定风险评估实施办法(试行)〉的通知》(川环发〔2007〕78 号,2007 年 9 月 30 日);

[36]《莆田市人民政府办公室关于实施重大建设项目社会稳定风险评估工作的意见》(莆政办〔2011〕50 号,2011 年 3 月 11 日);

[37]《中共广东从化市委办公室、广东省从化市人民政府办公室关于印发〈从化市重大事项社会稳定风险评估办法(试行)〉的通知》(从办〔2010〕

5 号,2010 年 2 月 10 日);

[38]《中共广州市委办公厅、广州市人民政府办公厅印发〈关于对重大事项进行社会稳定风险评估的实施意见(试行)〉的通知》(穗办〔2009〕22 号,2009 年 10 月 29 日);

[39]《宣城市人民政府办公室关于印发〈宣城市重大事项社会稳定风险评估暂行办法〉的通知》(宣办发〔2009〕24 号,2009 年 9 月 21 日);

[40]《中共张掖市委、张掖市人民政府关于印发〈张掖市重大决策和项目建设信访风险评估办法(试行)〉的通知》(市委发〔2010〕26 号,2010 年 4 月 22 日);

[41]《中共舟山市委办公室、舟山市人民政府办公室关于认真贯彻落实〈浙江省县级重大事项社会稳定风险评估办法(试行)〉的通知》(舟委办〔2009〕28 号,2009 年 4 月 27 日);

[42]《中共贵州省委办公厅　贵州省人民政府办公厅印发〈关于在全省建立重大决策重大工程社会稳定风险评估机制的意见〉的通知》(黔委厅〔2010〕18 号,2010 年 4 月);

[43]《石家庄市建设局关于实施城市房屋拆迁社会稳定风险评估的意见》(石建办〔2010〕168 号,2010 年 11 月 2 日);

[44]《枣庄市人民政府办公室关于建立城市房屋拆迁社会稳定风险评估制度的指导意见》(枣政办发〔2010〕29 号,2010 年 5 月 31 日);

[45]《贵州省大中型水利水电工程移民安置社会稳定风险评估暂行办法》(黔移发〔2012〕22 号,2012 年 1 月 19 日);

[46]《凉山州人民政府办公室关于印发〈凉山州社会稳定风险评估实施细则(试行)〉的通知》(凉府办函〔2011〕194 号,2011 年 7 月 19 日);

[47]《洛阳市人民政府办公室关于印发〈洛阳市国有土地上房屋征收涉及社会稳定风险评估暂行办法〉的通知》(洛政办〔2011〕40 号,2011 年 4 月 11 日);

[48]《泸州市人民政府关于印发〈泸州市社会稳定风险评估实施细则(试行)〉的通知》(泸市府发〔2011〕16 号,2011 年 8 月 5 日);

[49]《成都市城乡房产管理局关于印发〈成都市国有土地上房屋征收社会稳定风险评估实施意见〉的通知》(成房发〔2011〕68 号,2011 年 8 月 31 日);

[50]《河北省国土资源厅关于切实做好重大事项社会稳定风险评估工

作的通知》(冀国土资办字〔2011〕32 号,2011 年 9 月 13 日);

[51]《国家发展改革委关于印发〈国家发展改革委重大固定资产投资项目社会稳定风险评估暂行办法〉的通知》(发改投资〔2012〕2492 号,2012 年 8 月 16 日);

[52]《内蒙古自治区卫生厅关于印发卫生厅重大决策社会稳定风险评估专项实施办法的通知》(内卫办字〔2012〕938 号,2012 年 8 月 17 日);

[53]《陕西省发展和改革委员会　中共陕西省委维护稳定工作领导小组办公室关于印发〈关于加强重大固定资产投资项目社会稳定风险评估工作的意见〉的通知》(陕发改项目〔2012〕1749 号,2012 年 11 月 15 日);

[54]《国家发展改革委办公厅关于印发〈重大固定资产投资项目社会稳定风险分析篇章和评估报告编制大纲(试行)〉的通知》(发改办投资〔2013〕428 号,2013 年 2 月 17 日);

[55]《合肥市规划局关于印发〈合肥市规划局建设项目社会稳定风险评估工作暂行办法〉的通知》(合规〔2013〕67 号,2013 年 6 月 19 日);

[56]《内蒙古自治区发展和改革委员会关于印发〈内蒙古自治区重大项目建设社会稳定风险评估暂行办法〉的通知》(内发改投字〔2012〕2993 号,2012 年 12 月 29 日);

[57]《延安市商务局关于延安市重大决策社会稳定风险评估实施办法的意见》(延市商函〔2013〕第 12 号,2013 年 2 月 26 日);

[58]《威海市民政局关于印发〈威海市民政局开展社会稳定风险评估实施方案〉的通知》(2013 年 4 月 5 日);

[59]《天津市发展改革委关于印发〈天津市发展改革委重大建设项目社会稳定风险评估暂行办法〉的通知》(津发改投资〔2013〕351 号,2013 年 4 月 18 日);

[60]《内蒙古自治区农牧业厅关于印发〈内蒙古自治区农牧业厅重大决策社会稳定风险评估工作办法(试行)〉的通知》(内农牧法发〔2013〕302 号,2013 年 9 月 30 日);

[61]《邢台市人民政府关于印发〈邢台市重大行政决策社会稳定风险评估办法〉的通知》(政字〔2014〕14 号,2014 年 8 月 3 日);

[62]《潍坊市水利局关于印发〈潍坊市水利建设项目社会稳定风险评估办法〉的通知》(潍水政字〔2014〕1 号,2014 年 3 月 1 日);

[63]《国家卫生计生委关于建立健全卫生计生系统重大决策社会稳定风险评估机制的指导意见》(国卫办发〔2014〕26号,2014年5月13日);

[64]《成都市国土资源局关于印发〈成都市国土资源局深入推进社会稳定风险评估工作实施方案〉的通知》(成国土资发〔2014〕196号,2014年6月18日);

[65]《阿拉善盟行政公署办公厅关于印发〈阿拉善盟重大项目建设社会稳定风险评估暂行办法〉的通知》(阿署办发〔2015〕29号,2015年3月19日);

[66]《辽宁省发展改革委关于印发〈辽宁省固定资产投资项目社会稳定风险评估管理办法〉的通知》(2015修订)(辽发改投资〔2015〕897号,2015年10月16日);

[67]《河北省发展和改革委员会关于印发〈河北省重大固定资产投资项目社会稳定风险评估办法〉的通知》(冀发改投资规〔2021〕1号,2021年1月21日);

[68]《山东省司法厅关于印发〈山东省司法厅重大决策社会稳定风险评估实施办法(试行)〉的通知》(鲁司发〔2016〕6号,2016年8月5日);

[69]《四川省社会稳定风险评估办法》(四川省人民政府令〔2016〕第313号,2016年11月1日);

[70]《蚌埠市人民政府关于去杠杆防风险促进经济社会稳定健康发展的实施意见》(蚌政〔2016〕41号,2016年8月12日);

[71]《文昌市人民政府办公室关于印发〈文昌市土地征收社会稳定风险评估办法(2021年修订)〉的通知》(文府办规〔2021〕27号,2021年5月14日);

[72]《乐山市人民政府关于印发〈乐山市社会稳定风险评估实施办法〉的通知》(乐府发〔2017〕18号,2017年12月1日);

[73]《眉山市人民政府关于印发〈眉山市社会稳定风险评估实施办法〉的通知》(眉府发〔2017〕6号,2017年4月3日);

[74]《北京市城市管理委员会关于印发〈北京市电网建设项目开展社会稳定风险评估暂行规定〉的通知》(京管发〔2018〕58号,2018年5月15日);

[75]《吉林省国土资源厅关于推进全省国土资源重大事项社会稳定风险评估机制建设的实施意见(试行)》(吉国土资信发〔2013〕7号);

[76]《大连市重大行政决策社会稳定风险评估办法》(大连市人民政府令〔2018〕第156号,2019年2月1日);

[77]《河南省市场监督管理局关于印发〈重大事项社会稳定风险评估制度〉的通知》(豫市监办〔2020〕7号,2020年1月14日);

[78]《河北省发展和改革委员会关于印发〈河北省重大固定资产投资项目社会稳定风险评估办法〉的通知》(冀发改投资规〔2021〕1号,2021年1月21日)。

附录四　部分地区社会稳定风险评估相关规定

国家发展改革委重大固定资产投资项目社会稳定风险评估暂行办法

（发改投资〔2012〕2492号）

第一条　为促进科学决策、民主决策、依法决策，预防和化解社会矛盾，建立和规范重大固定资产投资项目社会稳定风险评估机制，制定本办法。

第二条　国家发展改革委审批、核准或者核报国务院审批、核准的在中华人民共和国境内建设实施的固定资产投资项目（简称“项目”，下同），适用本办法。

第三条　项目单位在组织开展重大项目前期工作时，应当对社会稳定风险进行调查分析，征询相关群众意见，查找并列出风险点、风险发生的可能性及影响程度，提出防范和化解风险的方案措施，提出采取相关措施后的社会稳定风险等级建议。

社会稳定风险分析应当作为项目可行性研究报告、项目申请报告的重要内容并设独立篇章。

第四条　重大项目社会稳定风险等级分为三级：

高风险：大部分群众对项目有意见、反应特别强烈，可能引发大规模群体性事件。

中风险：部分群众对项目有意见、反应强烈，可能引发矛盾冲突。

低风险：多数群众理解支持但少部分人对项目有意见，通过有效工作可防范和化解矛盾。

第五条　由项目所在地人民政府或其有关部门指定的评估主体组织对项目单位做出的社会稳定风险分析开展评估论证，根据实际情况可以采取公示、问卷调查、实地走访和召开座谈会、听证会等多种方式听取各方面意见，分析判断并确定风险等级，提出社会稳定风险评估报告。评估报告的主要内容为项目建设实施的合法性、合理性、可行性、可控性，可能引发的社会稳定风险，各方面意见及其采纳情况，风险评估结论和对策建议，风险防范和化解措施以及应急处置预案等内容。

第六条　国务院有关部门、省级发展改革部门、中央管理企业在向国家发展改革委报送项目可行性研究报告、项目申请报告的申报文件中，应当包含对该项目社会稳定风险评估报告的意见，并附社会稳定风险评估报告。

第七条　国家发展改革委在委托工程咨询机构评估项目可行性研究报告、项目申请报告时，可以根据情况在咨询评估委托书中要求对社会稳定风险分析和评估报告提出咨询意见。

第八条　评估主体作出的社会稳定风险评估报告是国家发展改革委审批、核准或者核报国务院审批、核准项目的重要依据。评估报告认为项目存在高风险或者中风险的，国家发展改革委不予审批、核准和核报；存在低风险但有可靠防控措施的，国家发展改革委可以审批、核准或者核报国务院审批、核准，并应在批复文件中对有关方面提出切实落实防范、化解风险措施的要求。

第九条　国家发展改革委未按照本办法规定，对项目可行性研究报告、项目申请报告作出批复，给党、国家和人民利益以及公共财产造成较大或者重大损失等后果的，应当依法依纪追究国家发展改革委有关单位和责任人的责任。

评估主体不按规定的程序和要求进行评估导致决策失误，或者隐瞒真实情况、弄虚作假，给党、国家和人民利益以及公共财产造成较大或者重大损失等后果的，应当依法依纪追究有关责任人的责任。

第十条　国家发展改革委、有关部门和机构及其工作人员应当遵守工作纪律和保密规定。

第十一条　各级地方发展改革部门可参照本办法，建立健全本地区重大项目社会稳定风险评估机制。

第十二条　本办法由国家发展改革委负责解释。

第十三条　自本办法印发之日起，国家发展改革委受理的申报项目执行本办法。

四川省社会稳定风险评估办法

（四川省人民政府令第313号）

第一条　为规范社会稳定风险评估工作，维护人民群众根本利益，根据国家有关规定，结合四川省实际，制定本办法。

第二条　本省行政区域内，地方各级人民政府及其职能部门或者法律、法规授权的组织开展社会稳定风险评估工作适用本办法。

第三条　本办法所称社会稳定风险评估，是指重大行政决策决定前，对重大行政决策存在的社会稳定风险因素进行识别、分析、预防的行为。

第四条　社会稳定风险评估工作应当遵循科学合法、公开公正、权责统一和统筹兼顾原则，依照本办法规定的程序进行。

第五条　地方各级人民政府领导和管理本行政区域内社会稳定风险评估工作，相关决策主体、评估主体、实施主体负责具体组织实施。

（一）作出重大行政决策决定的地方各级人民政府及其职能部门或者法律、法规授权的组织是决策主体。

（二）对重大行政决策开展社会稳定风险评估的地方各级人民政府及其职能部门或者法律、法规授权的组织是评估主体。

（三）组织实施重大行政决策的地方人民政府、部门或者其他组织是实施主体。

县级以上社会稳定风险评估指导协调机构负责本行政区域社会稳定风险评估工作的综合协调和督促指导。

第六条　评估主体负责组织相关部门或者专家开展社会稳定风险评估，也可以委托中介组织开展社会稳定风险评估，并对社会稳定风险评估报告进行审查。

委托中介组织开展社会稳定风险评估的，评估主体应当按照法律、法规、规章和国家及省有关规定，通过竞争方式择优确定中介组织，依法签订社会稳定风险评估委托合同，约定评估内容、程序、经费、违约责任等。

第七条　重大行政决策社会稳定风险评估工作经费和评估经费纳入同级人民政府相关部门预算予以保障。

第八条　省人民政府应当建立社会稳定风险评估指标，省级行政部门应当根据省人民政府制定的社会稳定风险评估指标建立本系统社会稳定风险评估指标。

第九条　省价格行政部门应当制定中介组织社会稳定风险评估收费指导标准，将社会稳定风险评估收费指导标准列入《四川省定价目录》。

第十条　下列重大行政决策应当开展社会稳定风险评估：

（一）涉及职工分流或者职工利益变动的国有企业（国有控股企业）改

制、重组、上市、拆迁和职工收入分配制度等重大事项;涉及事业单位机构改革事项;

（二）涉及养老保险、医疗保险等社会保险制度和社会救助政策等重大调整;水、电、燃气、教育、医疗等关系群众切身利益的商品、服务价格和收费标准重大调整;

（三）涉及农村集体土地征收、被征地农民补偿安置和移民安置等方面的重大政策和改革措施;涉及经济适用房等住房保障政策重大调整;涉及城市基础设施建设和国有土地上房屋征收补偿、居民安置等政策重大调整;

（四）大中型水利水电工程涉及编制建设征地移民安置规划大纲、编制移民安置规划及方案调整,组织开展蓄水验收,以及涉及人数多、关系移民群众切身利益的重大敏感问题等事项;

（五）涉及行政区划重大调整;

（六）可能造成重大环境影响或者存在重大环境风险的建设项目,可能造成重大安全事故隐患的建设项目,重大自然灾害后的重要恢复重建建设项目等;

（七）涉及人员多、敏感性强,可能对社会稳定产生影响的重大活动;

（八）其他涉及群众切身利益,可能对社会稳定产生影响的重大行政决策。

第十一条　社会稳定风险评估内容应当包括合法性评估、合理性评估、安全性评估、可行性评估、可控性评估等。

（一）合法性评估应当包括决策主体、决策权限、决策程序、决策内容等是否符合法律、法规、规章和国家政策规定。

（二）合理性评估应当包括重大行政决策的社会效益、经济效益和生态效益等是否符合人民群众现实利益、长远利益和合法权益。

（三）安全性评估应当包括重大行政决策是否存在国家安全、公共安全等隐患。

（四）可行性评估应当包括重大行政决策实施方案、实施物质条件、实施时机等是否符合地区、行业发展和人民群众利益。

（五）可控性评估应当包括重大行政决策存在的社会稳定风险因素及其预防措施和应急处置预案等。

第十二条　评估主体应当按照下列程序开展社会稳定风险评估工作:

（一）根据重大行政决策涉及的内容，制定社会稳定风险评估工作方案，并征求有关方面意见；

（二）根据社会稳定风险评估工作方案可以采取查阅文件资料、实地调查、问卷调查、民意测验、座谈走访、网络舆情、听证会、公示等方式收集相关信息；

（三）根据相关信息对社会稳定风险因素进行识别、分析，确定社会稳定风险因素类别、概率、范围等；

（四）根据社会稳定风险因素制定预防措施；

（五）根据社会稳定风险评估指标和预防措施确定社会稳定风险等级，风险等级分为低风险、中风险、高风险；

（六）根据社会稳定风险等级确定可实施、暂缓实施、不实施的评估结论；

（七）编制社会稳定风险评估报告。社会稳定风险评估报告应当包括重大行政决策基本情况、评估过程及方法、评估内容、分析论证、预防措施、风险等级和评估结论等内容。

涉及国家秘密的重大行政决策开展社会稳定风险评估应当遵守国家有关保密规定。

第十三条　决策主体根据社会稳定风险评估报告，按照法定程序，对重大行政决策作出实施、暂缓实施、不实施的决定。

第十四条　对决定实施的重大行政决策，实施主体应当根据《中华人民共和国突发事件应对法》等法律、法规的规定制定应急处置预案。

第十五条　在重大行政决策实施过程中发现存在重大社会稳定风险因素或者发生社会稳定风险事件时，实施主体应当根据预防措施和应急处置预案妥善处置；预防措施和应急处置预案无法有效化解时，决策主体应当及时作出暂缓实施或者终止实施的决定。

第十六条　暂缓实施、不实施或者终止实施的重大行政决策，决策主体重新决策时应当按照本办法规定开展社会稳定风险评估。

第十七条　违反本办法规定的情形，相关法律、法规已有规定的，从其规定。

第十八条　违反本办法规定，决策主体直接负责的主管人员和其他直接责任人员有下列行为之一的，依法给予处分；涉嫌犯罪的，移送司法机关依法追究刑事责任：

（一）重大行政决策作出决定前未开展社会稳定风险评估的；

（二）在重大行政决策实施过程中发现存在重大社会稳定风险因素或者发生社会稳定风险事件，预防措施和应急处置预案无法有效化解时，未及时作出暂缓实施或者终止实施的决定的；

（三）暂缓实施、不实施或者终止实施的重大行政决策，重新决策时未按照本办法规定开展社会稳定风险评估的；

（四）违反法律、法规、规章规定的其他情形。

第十九条　违反本办法规定，评估主体直接负责的主管人员和其他直接责任人员有下列行为之一的，依法给予处分；涉嫌犯罪的，移送司法机关依法追究刑事责任：

（一）未按照本办法规定评估程序、内容开展社会稳定风险评估的；

（二）在社会稳定风险评估过程中，徇私舞弊、滥用职权、弄虚作假的；

（三）未按照法律、法规、规章和国家及省的有关规定，通过竞争方式择优确定中介组织对重大行政决策开展社会稳定风险评估的；

（四）未对中介组织提交的社会稳定风险评估报告进行审查的；

（五）违反法律、法规、规章规定的其他情形。

第二十条　违反本办法规定，实施主体直接负责的主管人员和其他直接责任人员有下列行为之一的，依法给予处分；涉嫌犯罪的，移送司法机关依法追究刑事责任：

（一）在重大行政决策实施过程中发现存在重大社会稳定风险因素或者发生社会稳定风险事件时，未根据预防措施和应急处置预案妥善处置的；

（二）违反法律、法规、规章规定的其他情形。

第二十一条　违反本办法规定，中介组织开展社会稳定风险评估过程中，有下列行为之一的，由发展改革行政部门将中介组织和参与人员信息记入征信系统；引发社会稳定风险事件的，中介组织和参与人员被记入征信系统之日起不得参与社会稳定风险评估业务；涉嫌犯罪的，移送司法机关依法追究刑事责任：

（一）在社会稳定风险评估过程中弄虚作假的；

（二）出具虚假评估结论的；

（三）违反法律、法规、规章规定的其他情形。

第二十二条　违反本办法规定，国家机关及其工作人员虚报、冒领、贪污、挪用、截留、挤占、骗取社会稳定风险评估经费的，由相关行政部门依法追回有关财政资金，对直接负责的主管人员和其他责任人员依法给予处分；涉嫌犯罪的，移送司法机关依法追究刑事责任。

第二十三条　本省行政区域地方国有企业及国有控股企业社会稳定风险评估工作参照本办法执行。

第二十四条　本办法自 2016 年 11 月 1 日起施行。

大连市重大行政决策社会稳定风险评估办法

（大连市人民政府令第 156 号）

第一条　为了规范重大行政决策社会稳定风险评估工作，推进行政机关依法科学民主决策，维护人民群众根本利益，根据国家和省有关规定，结合我市实际，制定本办法。

第二条　本办法所称重大行政决策社会稳定风险评估（以下简称社会稳定风险评估）是指行政机关依照法定职权和程序，运用科学、系统、规范的评估方法，对重大行政决策可能引发的社会稳定风险因素进行识别、分析、预防的行为。

第三条　本办法适用于大连市人民政府及其工作部门公布的重大行政决策事项目录中确定事项的社会稳定风险评估工作。法律、法规另有规定的除外。

第四条　社会稳定风险评估应当遵循科学合法、公开公正、权责统一和统筹兼顾的原则。

第五条　社会稳定风险评估工作经费和评估经费纳入评估主体部门预算予以保障。

社会稳定风险评估情况列入市人民政府依法行政考核内容。

第六条　社会稳定风险评估工作的主体分为决策主体、评估主体、实施主体。

作出重大行政决策决定的市人民政府及其工作部门是决策主体。

市人民政府公布的重大行政决策事项目录中确定的重大行政决策事项承办部门、公布了本部门重大行政决策事项目录的市人民政府工作部门，是评估主体；决策事项涉及多个承办部门的，负责牵头的承办部门是评估主体。

具体负责组织实施重大行政决策的市人民政府工作部门、区（市）县人民政府或其他组织是实施主体。

第七条　决策主体、评估主体、实施主体按照本办法规定的分工开展社会稳定风险评估工作。

重大行政决策涉及的相关部门应当按照各自职责配合开展社会稳定风险评估工作，提供社会稳定风险评估相关资料，如实说明重大行政决策实施可能出现的社会稳定风险。

第八条　评估主体应当按照相关规定，科学、规范设定评估指标。

第九条　社会稳定风险评估的内容：

（一）合法性，主要有决策主体、决策权限、决策程序、决策内容等是否符合有关法律法规和政策规定；

（二）合理性，主要有决策事项的社会效益、经济效益和生态效益等是否符合人民群众现实利益、长远利益和合法权益；

（三）可行性，主要有决策事项的实施方案、实施物质条件、实施时机等是否周密、成熟，符合地区、行业发展需求，是否得到大多数人民群众的支持；

（四）可控性，主要有决策事项是否存在国家安全、公共安全隐患，社会稳定风险因素的预防措施和应急处置预案的相关情况。

第十条　社会稳定风险评估应当按照下列程序进行：

（一）确定需要评估的重大行政决策事项；

（二）制定评估方案；

（三）就决策事项书面征求市信访、财政、公安、安监、环保、规划等有关部门意见，通过媒体及政府网站公开征求社会意见；

（四）根据实际情况采取查阅文件资料、实地调查、问卷调查、座谈会、听证会、论证会、书面专题咨询等方式收集相关信息；

（五）根据收集的信息及反馈意见对社会稳定风险因素进行识别、分析，确定重大行政决策的风险点、风险源；

（六）制定预防措施和应急处置预案；

（七）根据确定的风险点和风险源及预防措施，对照评估指标，按照高风险、中风险、低风险三个类别，确定风险等级；

（八）编制社会稳定风险评估报告。

公开征求社会意见应当在本市主流媒体及网站上进行，时间应当不少于10个工作日。参加座谈会、论证会等的利益相关企业、群众代表人数应当不少于参会总人数的五分之三。参与论证的专家和专业机构应当在论证意见上署名或盖章。

重大行政决策的社会稳定风险评估与环境影响评价信息可以共享。

对涉及国家秘密的重大行政决策开展社会稳定风险评估，应当遵守国家有关保密规定。

第十一条　社会稳定风险评估报告应当包括以下内容：

（一）重大行政决策事项的基本情况；

（二）社会稳定风险评估的主体、方式和过程；

（三）社会各方对重大行政决策的反映和对决策风险的分析意见；

（四）重大行政决策的风险点、风险源；

（五）重大行政决策风险防范和化解措施，以及应急处置预案等内容；

（六）重大行政决策风险等级。

评估报告由评估主体报送决策机关，并按规定履行备案手续。

第十二条　决策主体根据社会稳定风险评估报告，按照法定程序，对重大行政决策事项作出实施、暂缓实施、不实施的决定。

第十三条　评估主体在决策事项实施过程中，应当跟踪决策实施情况。发现因社会稳定风险导致重大决策目标全部或部分不能实现的，应当向决策主体提出停止执行、暂缓执行或修正决策的建议。

第十四条　实施主体在决策事项实施过程中发现存在重大社会稳定风险因素或者发生社会稳定风险事件时，应当根据预防措施和应急处置预案妥善处置。预防措施和应急处置预案无法有效化解时，决策主体应当及时作出暂缓实施或者终止实施的决定。

第十五条　暂缓实施、不实施或者终止实施的重大行政决策，决策主体重新决策时应当按照本办法规定重新开展社会稳定风险评估工作。

第十六条　评估主体根据需要可以委托第三方专业机构提供社会稳定风险评估服务。

评估主体委托第三方专业机构进行社会稳定风险评估的，应该按照法律、法规、规章和国家及省有关规定，通过公开公正竞争择优方式确定第三方专业机构，并签订委托合同。

评估主体应当积极配合第三方专业机构开展评估工作，并不得干扰和影响评估结论的形成。评估主体的责任不因委托发生转移。

第十七条　受委托的第三方专业机构应当保持独立地位，坚持实事求是、科学负责、客观中立的原则，保证评估工作质量，提供客观、准确、完整的评估报告。

第十八条　委托第三方专业机构开展社会稳定风险评估的，第三方专业机构开展评估的时限不低于 30 天。

第十九条　评估主体应当建立社会稳定风险评估档案，并对档案的真实性、准确性负责。

第二十条　决策主体认为重大行政决策事项不直接关系人民群众切身利益，无需进行社会稳定风险评估的，可以不履行本办法规定的社会稳定风险评估程序。承办部门应当在重大行政决策草案的起草说明中对未履行社会稳定风险评估程序的原因予以说明。

第二十一条　违反本办法规定的情形，相关法律、法规、规章已有规定的，从其规定。

第二十二条　决策主体违反本办法，有下列情形之一的，由上级机关或者监察机关依法追究直接负责的主管人员和直接责任人员的责任；涉嫌犯罪的，移送司法机关依法追究刑事责任：

（一）违反本办法第三条规定，在重大行政决策作出决定前未开展社会稳定风险评估造成严重后果的；

（二）违反本办法第十四条规定，在预防措施和应急处置预案无法有效化解决策事项实施过程中发现的重大社会稳定风险因素或者发生的社会稳定风险事件时，未及时作出暂缓实施或者终止实施的决定的；

（三）违反本办法第十五条规定，在对暂缓实施、不实施或者终止实施的重大行政决策重新决策时，未重新开展社会稳定风险评估的。

第二十三条　评估主体违反本办法有下列情形之一的，由上级机关或者监察机关依法追究直接负责的主管人员和其他直接负责人员的责任；涉嫌犯罪的，移送司法机关依法追究刑事责任：

（一）违反本办法第九条、第十条规定，未按照本办法规定评估内容、评估程序开展社会稳定风险评估的；

（二）违反本办法第十三条规定，在重大行政决策实施过程中发现因社会稳定风险导致重大决策目标全部或部分不能实现时，未及时向决策主体提出停止执行、暂缓执行或修正决策建议的；

（三）违反本办法第十六条规定，委托第三方专业机构评估时，未依法依规公开公正竞争择优确定的、干扰影响评估结论形成的；

（四）在社会稳定风险评估过程中，徇私舞弊、滥用职权、弄虚作假的。

第二十四条　实施主体违反本办法第十四条规定，在重大行政决策实施过程中发现存在重大社会稳定风险因素或者发生社会稳定风险事件时，未根据预防措施和应急处置预案妥善处置的，依法追究直接负责的主管人员和直接责任人员的责任；涉嫌犯罪的，移送司法机关依法追究刑事责任。

第二十五条　参与社会稳定风险评估论证的专家及专业机构，弄虚作假，出具严重违反科学规律或者客观事实的专业意见的，由评估主体将其纳入诚信考核记录，公开取消其社会稳定风险评估资格。

第二十六条　被委托的第三方专业机构在社会稳定风险评估过程中弄虚作假，出具虚假评估结论的，由第三方专业机构的行政主管部门将专业机构和参与人员信息记入征信系统；引发社会稳定风险事件的，第三方专业机构和参与人员自被记入征信系统之日起五年内不得参与社会稳定风险评估业务；涉嫌犯罪的，移送司法机关依法追究刑事责任。

第二十七条　重大行政决策事项目录之外的市人民政府及其工作部门的重大行政决策、各区（市）县人民政府以及市人民政府派出机构的重大行政决策，其风险评估工作参照本办法执行。

第二十八条　本办法自 2019 年 2 月 1 日起施行。

河北省重大固定资产投资项目社会稳定风险评估办法

（冀发改投资规〔2021〕1 号）

第一条　为促进固定资产投资项目的科学决策、民主决策和依法决策，妥善防范化解“邻避”问题及其他风险，预防和化解社会矛盾，规范社会稳定风险评估工作，根据《国家发展改革委重大固定资产投资项目社会稳定风险评估暂行办法》，结合本省实际，制定本办法。

第二条　在本省行政区域内建设实施，符合下列条件之一的固定资产投资项目（简称“项目”，下同）适用本办法。

（一）转用、征收集体土地的；

（二）征收国有土地上房屋的；

（三）在项目规划选址阶段可能发生“邻避”问题及其他风险的；

（四）在开展项目前期工作中发生过集体上访或群体性事件的；

（五）在项目规划阶段发生社会不稳定问题且尚未化解的；

（六）在居民密集区建设且对周边群众生产、生活具有一定影响的；

（七）涉及重大地质勘察和矿产资源开发的；

（八）国家要求提供社会稳定风险评估意见的；

（九）经项目单位预研判断可能引发社会不稳定问题的。

第三条　项目单位在组织开展项目前期工作时，应当对社会稳定风险进行调查分析，征询相关群众意见，查找并列出风险点、风险发生的可能性及影响程度，提出防范和化解风险的方案措施，提出采取相关措施后的社会稳定风险等级建议。

第四条　重大项目社会稳定风险等级分为三级：高风险：大部分群众对项目有意见、反应特别强烈，可能引发大规模群体性事件。中风险：部分群众对项目有意见、反应强烈，可能引发矛盾冲突。低风险：多数群众理解支持但少部分人对项目有意见，通过有效工作可防范和化解矛盾。

第五条　审批政府投资项目可行性研究报告和核准企业投资项目项目申请报告阶段，进行社会稳定风险评估。

第六条　社会稳定风险评估工作由项目所在地政府或发展改革部门或有关行政审批部门负责开展。

国家有关部委或相应单位来函要求我省协助开展社会稳定风险评估的项目，由省发展改革委按照国家来函要求，组织开展项目社会稳定风险评估工作，并出具意见。

省直有关部门、设区市发展改革部门（有关行政审批部门）、中央及省管理企业在向省发展改革委报送项目可行性研究报告、项目申请报告的申报文件中，应当包含对该项目社会稳定风险评估报告的意见，并附社会稳定风险评估报告（篇章）。跨设区市的项目由所涉及的设区市分别负责开展（项目本辖区部分）社会稳定风险评估工作；跨县域的项目由设区市统一组织开展社会稳定风险评估工作。

设区市有关部门、县发展改革部门(有关行政审批部门)、中央和省及设区市管理企业在向设区市发展改革部门(有关行政审批部门)报送项目可行性研究报告、项目申请报告的申报文件中,应当包含对该项目社会稳定风险评估报告的意见,并附社会稳定风险评估报告(篇章)。跨县域的项目由项目所涉及的县分别负责开展(项目本辖区部分)社会稳定风险评估工作或由设区市统一组织开展社会稳定风险评估工作。

县有关部门、企业在向县发展改革部门(有关行政审批部门)报送项目可行性研究报告、项目申请报告的申报文件中,应当包含对该项目社会稳定风险评估报告的意见,并附社会稳定风险评估报告(篇章);其社会稳定风险评估工作由项目所在地县政府或发展改革部门(有关行政审批部门)负责开展。

第七条　社会稳定风险分析应当作为政府投资项目可行性研究报告、企业投资项目项目申请报告的重要内容并设独立篇章。社会稳定风险分析报告(篇章)应由项目单位或者其委托的具有相应工程咨询资信的机构按照《重大固定资产投资项目社会稳定风险分析篇章和评估报告编制大纲及说明(试行)》(发改办投资〔2013〕428 号)进行编制,包括编制依据、风险调查、风险识别、风险估计、风险防范和化解措施、风险等级、风险分析结论等内容。

第八条　发展改革部门(有关行政审批部门)可以在委托工程咨询机构评估项目可行性研究报告、项目申请报告时,要求被委托机构对社会稳定风险分析和评估报告提出咨询意见。

第九条　社会稳定风险评估分析报告(篇章)编制费用执行国家对建设项目前期工作咨询收费的有关规定,由项目单位承担,列入项目前期工作经费。

第十条　政府或发展改革部门(有关行政审批部门)需委托机构提供社会稳定风险评估服务的,有关评估费用等由委托评估的机关承担,评估机构不得向项目单位收取费用。

第十一条　风险评估应当通过收集相关文件资料、问卷调查、民意测验、座谈走访、听证会等方式就项目征求意见,对社会稳定风险进行预测和评估,也可以组织相关部门和有专业资质专家、学者评估论证。

涉及国家秘密的项目，应当遵守国家有关保密规定。

第十二条　社会稳定风险评估报告应按照《重大固定资产投资项目社会稳定风险分析篇章和评估报告编制大纲及说明（试行）》（发改办投资〔2013〕428 号）进行编制，主要对风险调查评估及各方意见采纳情况、风险识别和估计、风险防范和化解措施、落实措施后的风险等级确定等内容进行评估，并提出评估结论。评估结论主要包括项目存在的主要风险因素，项目合法性、合理性、可行性、可控性，项目的风险等级，项目主要风险防范、化解措施，根据需要提出应急预案和建议等内容。

第十三条　社会稳定风险评估报告一般应当在政府投资项目可行性研究报告和企业投资项目项目申请报告所需的各前置文件具备之后完成。项目规划、土地等已完成社会稳定风险专项评估的，在社会稳定情况未发生较大变化的前提下，其结论可以直接引用。

第十四条　报送政府投资项目可行性研究报告、企业投资项目项目申请报告时，应当按照本办法第六条的有关要求，包含相应发展改革部门（有关行政审批部门）对该项目社会稳定风险评估报告的意见，并附社会稳定风险评估报告，同时抄送同级党委政法委备案。

第十五条　社会稳定风险评估报告是审批政府投资项目可行性研究报告和核准企业投资项目项目申请报告的重要依据。评估报告认为项目存在高风险或者中风险的，不予通过或核报；存在低风险但有可靠防控措施的，可以通过或核报，并应在批复文件中对有关方面提出切实落实防范、化解风险措施的要求。

第十六条　项目单位对已经实施或部分实施，但又存在一定风险的项目，应按防范、化解风险措施组织开展工作。

第十七条　发展改革部门（有关行政审批部门）未按照本办法规定，对项目进行管理或核报本级政府及上级发展改革部门（有关行政审批部门），给国家和人民利益以及公共财产造成较大或者重大损失等后果的，应当依法依纪追究有关单位和责任人的责任。

项目单位和编制机构在进行社会稳定风险评估分析中，故意隐瞒真实情况或者弄虚作假，导致管理部门做出错误行政行为的，应当依法追究项目单位和编制单位直接负责人员的法律责任。

评估机构不按规定的程序和要求进行评估，定级错误，导致决策失误，或者隐瞒真实情况、弄虚作假，给国家和人民利益以及公共财产造成较大或者重大损失等后果的，应当依法依纪追究有关责任人的责任。

第十八条　本办法自印发之日起施行。2016 年 1 月河北省发展和改革委员会印发的《河北省重大固定资产投资项目社会稳定风险评估办法》（冀发改投资〔2016〕1 号）同时废止。

参考文献

[1] 范理.增城市社会安全风险的分析和对策研究[D].兰州:兰州大学,2014.

[2] 董嘉明,吴洁珍,王晟,等.环境敏感性项目建设引发社会矛盾的根源分析及防控对策研究[J].决策咨询,2016(1):74-78.

[3] 郝豫.重大工程项目社会稳定风险分级预警模式研究[J].河南理工大学学报(社会科学版),2016,17(2):193-201.

[4] 王京京.国外社会风险理论研究的进展及启示[J].国外理论动态,2014(9):95-103.

[5] EVANS D T, FULLILOVE M T, GREEN L, et al. Awareness of environmental risks and protective actions among minority women in Northern Manhattan[J]. Environmental health perspectives,2002,110(S2):271-275.

[6] 罗云.系统构建方法体系　科学预防强基治本[N].中国安全生产报,2015-12-22(A7).

[7] 童星.公共政策的社会稳定风险评估[J].学习与实践,2010(9):114-119.

[8] 张海波.风险社会与公共危机[J].江海学刊,2006(2):112-117.

[9] 丁烈云,何家伟,陆汉文.社会风险预警与公共危机防控:基于突变理论的分析[J].人文杂志,2009(6):161-168.

[10] 化涛.社会转型与治理创新:基于社会稳定风险的分析[J].中南大学学报(社会科学版),2014,20(4):174-180.

[11] 汪伟全.风险放大、集体行动和政策博弈:环境类群体事件暴力抗争的演化路径研究[J].公共管理学报,2015,12(1):127-136,159.

[12] 曾珠.承压类特种设备社会风险预警方法及控制策略研究[D].北京:中国地质大学(北京),2015.

[13] 杨振林.特种设备风险接受准则与风险控制[J].中国特种设备安全,2008,24(12):70-73.

[14] 于亚男,罗云,王景人,等.特种设备全生命周期风险辨识与数据库的开发[J].安全,2012,33(9):37-40.

[15] 尹建军.社会风险及其治理研究[D].北京:中共中央党校,2008.

[16] 杨继君,李波.基层社会稳定风险评估方法创新及其应用:基于风险矩阵图法的视角[J].桂海论丛,2014,30(5):91-96.

[17] 侯光辉,王元地."邻避风险链":邻避危机演化的一个风险解释框架[J].公共行政评论,2015,8(1):4-28,198.

[18] 谭爽,胡象明.特殊重大工程项目的风险社会放大效应及启示:以日本福岛核泄漏事故为例[J].北京航空航天大学学报(社会科学版),2012,25(2):23-27,81.

[19] 刘泽照,朱正威.中国社会稳定风险评估实践框架及关键着力点[J].西南大学学报(社会科学版),2014,40(5):50-57.

[20] 吴阳,董小林,赵佳红,等.近十年中国社会稳定风险研究进路分析:基于2006—2015年CNKI文献[J].学理论,2017(1):68-71.

[21] 朱德米.政策缝隙、风险源与社会稳定风险评估[J].经济社会体制比较,2012(2):170-177.

[22] 胡象明,唐波勇.论利益相关者合作逻辑下的公共危机治理:以汶川"5·12"地震为例[J].武汉大学学报(哲学社会科学版),2010,63(2):214-219.

[23] 杨芳勇.论社会燃烧理论在"重大事项"上的应用:重大事项社会稳定风险评估的理论基础与方法模型[J].中共浙江省委党校学报,2012,28(4):106-111.

[24] 朱正威,石佳.重大工程项目中风险感知差异形成机理研究:基于SNA的个案分析[J].中国行政管理,2013(11):106-112.

[25] 童星.对重大政策项目开展社会稳定风险评估[J].探索与争鸣,2011(2):

20-22.
[26] 宋林飞. 中国社会风险预警系统的设计与运行[J]. 东南大学学报(社会科学版),1999,1(1): 69-76.
[27] 牛文元. 可持续发展战略:21 世纪中国的必然选择[J]. 中国科学院院刊,2000(4):270-275.
[28] 朱正威,李文君,赵欣欣. 社会稳定风险评估公众参与意愿影响因素研究[J]. 西安交通大学学报(社会科学版),2014,34(2):49-55.
[29] 高玫,何雄伟. 重大政策项目社会稳定风险评估体系研究[J]. 企业经济,2015(2):172-175.
[30] 孙琦峰. 基于经济指标构建的社会稳定风险评估研究[J]. 财经问题研究,2015(3):16-23.
[31] 胡智强. 我国重大工程项目建设社会稳定风险预警机制研究[M]. 武汉:华中科技大学出版社,2015.
[32] 杨琳,罗鄂湘. 重大工程项目社会风险评价指标体系研究[J]. 科技与管理,2010,12(2):43-46.
[33] 田涌,李林,傅庆. 农村重大工程项目引发的社会风险评估[J]. 社会科学家,2013(10):75-78.
[34] 曹峰,邵东珂,王展硕. 重大工程项目社会稳定风险评估与社会支持度分析:基于某天然气输气管道重大工程的问卷调查[J]. 国家行政学院学报,2013(6):91-95.
[35] 滕敏敏,韩传峰,刘兴华. 中国大型基础设施项目社会影响评价指标体系构建[J]. 中国人口·资源与环境,2014,24(9):170-176.
[36] 黄德春,张长征,UPMANU L,等. 重大水利工程社会稳定风险研究[J]. 中国人口·资源与环境,2013,23(4):89-95.
[37] 何德文,黄真谛. 基于模糊综合评价法的重大工程项目社会风险评价[J]. 统计与决策,2013(10):53-56.
[38] 陈茜. 多维度视角下我国环境群体性事件演化规律与应对策略研究:基于 18 个案例的分析[D]. 重庆:重庆大学,2016.
[39] 何铮,朱良峰,庄智一. 城市突发公共事件的内涵、类型与风险识别研究[J]. 中共福建省委党校学报,2008(6):35-40.
[40] 刘岩,邱家林. 转型社会的环境风险群体性事件及风险冲突[J]. 社会科

学战线,2013(9):195-199.

[41] 谭爽,胡象明.中国大型工程社会稳定风险治理悖论及其生成机理:基于对B市A垃圾焚烧厂反建事件的扎根分析[J].甘肃行政学院学报,2015(6):60-67.

[42] 季闯.基于计算实验方法的重大工程社会风险评估与治理研究[D].南京:东南大学,2016.

[43] 郭秀云.重大项目评价中应加入"社会稳定风险评估"[J].中国科技论坛,2012(11):18-22.

[44] 徐惠娟,王学华.环境群体性事件的成因分析:基于对十起典型环境群体性事件的研究[J].环境与可持续发展,2013(6):93-96.

[45] 向鹏成,常微.基于HHM的跨区域重大工程项目风险因素识别[J].世界科技研究与发展,2015,37(1):67-72.

[46] 黄杰,朱正威,王琼.风险感知与我国社会稳定风险评估机制的健全[J].西安交通大学学报(社会科学版),2015,35(2):48-55.

[47] KASPERSONR E,RENN O,SLOVIC P,et al. The social amplification of risk:a conceptual framework[J]. Risk analysis,1988,8(2):177-187.

[48] CABRERA N L,LECKIE J O. Pesticide risk communication,risk perception,and self-protective behaviors among farmworkers in California's Salinas valley [J]. Hispanic journal of behavioral sciences, 2009, 31 (2): 258-272.

[49] 黄杰,朱正威.利益相关者理论及其在社会稳定风险评估中的运用[J].党政研究,2015(5):88-95.

[50] 胡象明,王锋.一个新的社会稳定风险评估分析框架:风险感知的视角[J].中国行政管理,2014(4):102-108.

[51] 贺新光.基于突变理论的城市路网交通状态判别与预警研究[D].重庆:重庆交通大学,2016.

[52] 徐茵.突变理论在建筑工程安全中的应用[J].吉林建筑工程学院学报,2009,26(2):6-10.

[53] 程泽军.基于突变理论的非常规突发事件演化机理研究[D].大连:辽宁师范大学,2013.

[54] 齐迹.基于突变理论的海上交通风险预测研究[D].大连:大连海事大

学,2014.
[55] 龙琼,胡列格,张谨帆,等.基于尖点突变理论模型的交通事故检测[J].土木工程学报,2015,48(9):112-116.
[56] 李殿伟,赵黎明.社会稳定与风险预警机制研究[J].经济体制改革,2006(2):29-32.
[57] 阎耀军,郭涛.社会稳定风险仿真模拟与社会冲突的前馈控制:基于政策模拟方法的社会稳定风险系列研究之一[J].北京行政学院学报,2016(1):9-16.
[58] 阮友群.风险型环境群体性事件化解策略研究:基于社会燃烧理论的分析[D].上海:华东政法大学,2016.
[59] 罗云.优化监管机制　创新监管方式[N].中国安全生产报,2013-12-21(A7).
[60] 黄杰,朱正威,赵巍.风险感知、应对策略与冲突升级:一个群体性事件发生机理的解释框架及运用[J].复旦学报(社会科学版),2015(1):134-143.
[61] 李小敏,胡象明.邻避现象原因新析:风险认知与公众信任的视角[J].中国行政管理,2015(3):131-135.
[62] 朱正威,王琼,郭雪松.工程项目社会稳定风险评估探析:基于公众"风险-收益"感知视角的因子分析[J].西安交通大学学报(社会科学版),2016,36(3):61-68.
[63] 王丽丽,张晓杰.公民环境信访行为影响因素的实证分析:基于规范激活理论[J].中国环境管理,2016,8(6):81-85,103.
[64] 尹文嘉,刘平.环境群体性事件的演化机理分析[J].行政论坛,2015,22(2):38-42.
[65] 骆正林.突发性事件中媒体的传播效应和预警功能[J].地方党报研究,2007(4):4-7.
[66] 朱德米,平辉艳.环境风险转变社会风险的演化机制及其应对[J].南京社会科学,2013(7):57-63,86.
[67] 李冠一.公民权利视角下的非制度化政治参与样本分析:以厦门 PX 事件为例[J].河南司法警官职业学院学报,2008,6(3):45-47.
[68] 华智亚.风险沟通与风险型环境群体性事件的应对[J].人文杂志,

2014(5):97-108.
[69] 丁靖靖. 环境群体性事件中风险沟通方式研究[D]. 上海:复旦大学,2013.
[70] 孙康,程泽军,刘德海. 非常规突发事件演化机理研究:以化工事故引发的群体性事件为例[J]. 电子科技大学学报(社科版),2012,14(6):29-32.
[71] 沈一兵. 从社会风险到公共危机的转化机理[J]. 中国管理信息化,2015,18(4):218-219.
[72] 时昱. 社会冲突视野下的环境群体性事件[J]. 中共郑州市委党校学报,2011(2):80-81.
[73] 沈一兵. 从环境风险到社会危机的演化机理及其治理对策:以我国十起典型环境群体性事件为例[J]. 华东理工大学学报(社会科学版),2015(6):92-105.
[74] 彭小兵. 环境群体性事件的治理:借力社会组织"诉求-承接"的视角[J]. 社会科学家,2016(4):14-19.
[75] 潘骏,沈惠璋,陈忠. 社会群体事件的微博传播和复合生长曲线研究[J]. 情报杂志,2016,35(5):72-78,125.
[76] 龚文娟. 环境风险沟通中的公众参与和系统信任[J]. 社会学研究,2016,31(3):47-72.
[77] 龚文娟,方秦华. 重化工项目环境风险评价与公众风险接纳研究[J]. 中国地质大学学报(社会科学版),2017,17(1):89-99.
[78] 冯仕政. 我国当前的信任危机与社会安全[J]. 中国人民大学学报,2004(2):25-31.
[79] 王庆功,张宗亮,王林松. 社会心理冲突:群体性事件形成的社会心理根源[J]. 山东社会科学,2012(9):54-59.
[80] 陈安,迟菲. 突发事件的起源、机理、特征与应急管理原则[J]. 科技促进发展,2010(7):36-38.
[81] 朱德米. 社会稳定风险评估的社会理论图景[J]. 南京社会科学,2014(4):58-66.
[82] 周丹,陈安. 突发事件机理分析与公共安全标准化:以韩国 MERS 疫情为例[J]. 标准科学,2015(增刊 1):49-53.

[83] 黄杰，朱正威，吴佳. 重大决策社会稳定风险评估法治化建设研究论纲：基于政策文件和地方实践的探讨[J]. 中国行政管理，2016（7）：101-106.

[84] 钱刚毅，佘廉，张凯. 重大公共安全事件的预警及应急管理：现实挑战与发展建议[J]. 科技进步与对策，2009，26（12）：25-28.

[85] 徐黎明. 基于突变理论的乌东德水电站近坝区泥石流风险评价与防治研究[D]. 长春：吉林大学，2013.

[86] 郝豫. 我国地方政府重大决策社会稳定风险评价研究[J]. 经济视角（上旬刊），2015（2）：17-19.

[87] 戚志如，陈莺. 群体性事件突变理论模型的建立和分析[J]. 江苏警官学院学报，2012，27（2）：147-149.

[88] 辛曼玉. 基于突变-可拓学的港口物流绩效双层评价模型[J]. 上海海事大学学报，2011，32（4）：60-64.

[89] 王林，陈茜，黄利芳. 环境问题诱发群体性事件的地域规律性及其原因剖析[J]. 生态经济，2015，31（8）：187-190.

[90] 龚维斌. 新时代中国社会治理新趋势[J]. 中国特色社会主义研究，2018（2）：5-11.

[91] 顾朝曦. 深入学习贯彻党的十九大精神　开启中国特色社会治理新征程[J]. 中国民政，2017（24）：10-11.

[92] 罗云. 特种设备风险管理：RBS 的理论、方法与应用[M]. 北京：中国质检出版社，中国标准出版社，2013.

[93] 罗云. 应用 RBS/M 理论与方法实现科学有效监管[J]. 中国安全生产，2014，9（8）：28-31.

[94] 崔文. 工业生产危险作业 RBS 模式和方法研究[D]. 北京：中国地质大学（北京），2014.

[95] 崔自力. 华北油田调水增油管理系统结构与方法研究[D]. 天津：天津大学，2001.

[96] 罗云. 风险分析与安全评价[M]. 3 版. 北京：化学工业出版社，2016.